シリーズ「遺跡を学ぶ」

103

黄泉の国の光景 葉佐池古墳

栗田茂敏

新泉社

黄泉の国の光景

—葉佐池古墳—

栗田茂敏

【目次】

装　幀　新谷雅宣
本文図版　松澤利絵

第1章　黄泉の国との遭遇

1　葉佐池古墳の発見

バックホーが引っかけた天井石

一九九二年六月二四日、松山市教育委員会に一本の電話がかかってきた。丘陵を開墾中にバックホーが大きな石を引っかけたのだが、どうも古墳にあたったらしい、とのことであった。一報を受け、さっそく担当職員が現地に赴いた。

現地は小高い丘陵（図1）で、もともと柑橘や柿を栽培していた果樹園であったが、すでに耕作放棄地となって久しく、荒れ地の様相を呈していた（図2）。この丘陵を開墾しようと頂上部の整地作業中に件《くだん》の石を引っかけたという。

現場では作業を中断した地権者が待っていてくれた。見ると、掘削された穴の中に紡錘形の大きな石材が、垂直に立ち上がった状態で半分ほど地上に姿を見せていた（図3）。石の下に

図１ ● 葉佐池古墳とその周辺
西上空から撮影。後方は高縄山塊。下方のL字状の池が葉佐池。その畔のブルーシートでおおわれた丘陵上、おおむねグリーンのシート部分が墳丘。２号石室調査のための覆屋が白く写っている。

は空洞があるようだ。整地していた地権者もそのことに気づいて、教育委員会に電話を入れたのであった。

現地の状態をひと目見て、担当者は地下に石室、それも横穴式石室が埋まっているのにほぼ間違いないと判断した。そこで周辺を含めた現況を把握するところから確認作業を開始した。

古墳は丘陵の最高所にあり、石室周辺は南北二〇メートル、東西七メートルほどの長い楕円形状の平坦地となっている。聞いたところによると、本来の丘陵頂部を一メートル程度削って現況に至ったということであった。削った土砂は丘陵北側の斜面に落とし込まれている。

北側に据えたバックホーで南の土砂をすくい、北側に移動する作業をしていたところ、南北に長い石の南端がバケットに引っかかって持ち上がった。そのはずみで、支えを失った石材の北端が石室内部に落ち込んだ様子である。

水平に架かっていたものが立ち上がったので、動いたところに小さな隙間があいていた。隙間の下には空洞が

図2 ● 古墳発見
墓地の上方、丘陵頂上に小さく写ったバックホーの位置が1号石室。

ある。しかし、この隙間は非常に小さく、内部をうかがうことはできない。頭を突っ込んで中の状態をさぐるのは不可能だ。加えて、照明も用意していなかった。

そこで、持ちあわせていたインスタントカメラを持って腕をいっぱいに伸ばして隙間に差しいれ、ノーファインダーで撮影してみた。

試行錯誤のすえ撮影したモノクロ写真には、石室内部に須恵器《すえき》が整然とならんでいる様子や、そのすぐ近くに木棺のようなものが二基、並列して横たわっている様子がおぼろげながら写っていた。動いた天井石は、両隣の天井石との接点を支点に九〇度回転して立ち上がったが、この支点に支えられ、石室床面までの転落はまぬがれているようであった。

通常、遺跡で木質の遺物が残るのは、地下水位の高いところでつねに水に漬かっていたり、水分の多い土にパックされるなどして、空気と遮断された状態を保って残る場合がほとんどである。地下深く盛土におおわれた石室内に安置されているとはいっても、横穴式石室という空間の中で木棺が残っているのだとすれば、これは驚異的なことだ。ほぼ、木棺に間違いないとは思いながらも、新しい段階に持ち込まれた別

図３● 立ち上がった天井石
玄室に架かる４枚のうち、奥から３枚目が動いた。

の遺物ではないか？　驚きとともに、担当者の心の片隅には疑いもよぎったという。

このような現況と、実際にこれらが木棺であった場合の古墳の重要性を地権者に説明したうえで、当面、開墾作業を止めてもらうよう要請し、隙間を土嚢《どのう》で塞ぎ、さらにシートでおおいをして、その日の確認作業はいったん終了した。

写し出された石室の内部

写真に写っていたものが木棺であるのかどうか、すみやかに検証し、実際に木棺であれば早急にしかるべき手を打つ必要がある。数日後、コンパクトカメラを用意してふたたび現地で、手を差し入れノーファインダーで撮影をおこなった。これにより石室内部の様子が、カラー写真でより鮮明に把握できることになった（図4）。

石室は角のとれた自然石を積み上げて構築した横穴式石室だ。天井石が動いた際に流入したと思われる土砂や崩落した石材になかば埋もれて、木棺らしきものがならんでいる。須恵器がならんで置かれているのは奥壁《おくへき》沿いで、子持器台《こもちきだい》とよばれる葬祭専用につくられた特殊な器形の大型品を中心に配置してある。

石室の入り口は西方向、二基の木棺のようなものは奥壁から入り口方向にむけてならんでいる。奥壁にむかって左側のものは、箱状のものが潰れたような状態、右側のものは真上からの写真であるため、立体物であるのか平板なものかはよくわからない。須恵器のサイズからすると、石室は非常に小型である、というところまで確認できた。

図４● ノーファインダーで撮影した１号石室内部
写真上方が奥壁、その直近に副葬土器群がならんでいる。右下に、崩落した土砂や石材が木棺などをおおっている様子がうかがえる。

道後平野と葉佐池古墳

葉佐池古墳は松山市の東南部、北梅本町《きたうめもとまち》の通称、「小山」とよばれている独立丘陵上、標高一一五〜一二一メートルのところにある（図5）。

道後平野は、北部から北東部を高縄山塊に、南から南東部を石鎚山系にかこまれた平野で、その規模は南北約一七キロ、東西約二〇キロと愛媛県最大の面積をもち、西方の伊予灘、斎灘《いつき》にむかって開いた扇状をなしている。平野は、北の高縄山塊の南斜面を流れ下って平野中央を西へ走る石手川と、石鎚山系の北側斜面を流れる中小の河川の流れを集めて、平野のやや南部を西流する重信川などによって形成された沖積地である。

古墳は、これらの河川のうち石手川の支流である小野川が形成した扇状地上にある。この半径二・一キロの小さな扇状地の中央部あたりに存在する残丘上で、西側直近の道路から見上げると、一二メートルの高みの上に高さ六メートルの墳丘がのったかっこうだ。

古墳からの眺望は、南には扇端にひろがる集落や水田域一帯をへて四国山地の峰々を、また西には現在の松山市域南部から砥部町《とべちょう》、伊予市域北部をへて伊予灘に開けた海岸線、さらに遠く瀬戸内の島々を望むことができる。

古墳周辺には、戦国時代末期から昭和の初期にかけて築造された農業用溜め池が多数存在している。この古墳の東麓にも古墳の名称のもととなった、江戸時代前期築造の「葉佐池《はざいけ》」という溜め池がある。この池は古墳ののる丘陵小山と、その東にのびる高縄山塊南麓丘陵との間の谷部や、北直近の残丘との間に堤を築いて江戸時代前期に設けられたものである。したがって、

図５● 葉佐池古墳周辺図

四国最大の人口を擁する松山市は、2005年、旧北条市・中島町を編入合併した。
旧松山市と隣接の伊予市・東温市にまたがる沖積地を道後平野とよぶ。

築堤以前の景観は現在とは大きく異なり、この古墳を含めた丘陵全体の独立性をさらに際立たせ、大きく高く見せていたはずである。

2　未盗掘の石室

木棺が残るきわめて稀な横穴式石室

さて、確認作業の結果、この新発見の古墳は未盗掘である可能性が高いと判断できた。加えて木棺と思われるものが横穴式石室内に残っているようだ。だとすればきわめて稀な例で、重要な古墳であることは疑いを入れない。こういった認識のもと、松山市は学術発掘調査をおこなうべく準備を進めていった。

翌一九九三年一月、葉佐池古墳調査準備委員会（後に調査委員会へ移行）が組織され、併行して古墳丘陵用地の公有化にむけ地権者との交渉が進められた。いくつもの隘路《あいろ》を経ながら所有権移転を完了することができたのは同年九月のことであった。

同年一一月、破壊坑の土嚢を一時撤去して、より鮮明な写真撮影とCCDカメラによる動画の撮影をした。さらにこの機会を利用して石室内に温湿度計を設置、数カ月後に予定した石室の開口調査までの間、玄室内環境の推移を把握しておくこととした。

この撮影により新たに把握できたことは、天井を含めた石室内の撮影可能な部分には破壊や崩壊個所はなく、この石室は未盗掘である可能性が一段と高まった。また、並列する木棺らしきもののうち、右側には箱のような立体感がみられないことも、この段階ではじめてわかった。

決まった発掘調査方針

用地の公有化を待って第一回の調査委員会が開かれ、調査方針などについて検討し、つぎのような調査方針を立てた。

①発見された古墳の名を「葉佐池古墳」とする。これは、古墳の東裾に江戸時代前期以来存在する溜め池の名にちなむ。

②石室の形態は古墳時代後期に盛行する横穴式石室で、その石室内には木棺と思われる木質系の遺物が残っている。古墳時代後期に閉じて以降、一四〇〇年あまりの間ずっと密閉状態であった石室内遺物がいったん外気にふれてしまった。かつ一部土砂に埋もれるというアクシデントを経験しているので、できるだけ早くこれを取り上げ、しかるべき処置をほどこし、ダメージの進行をできるだけ最小限にとどめたい。これが調査の第一目的である。

③このような事情から、石室内の調査を最優先とし、墳丘調査はその後おこなうこととする。

④石室内調査にあたっては、覆屋《おおいや》の設置が不可欠である。それでも、覆屋に十分な気密性を期待できないので、屋内に工夫を凝らして、石室内の環境を劇的に変化させない努力する。

⑤石室内調査および木棺の取り上げは、比較的環境変化の少ない期間、秋から冬の間に作業を終えられるような工程を組む。

このように調査方針がさだまり、いよいよ発掘調査となった。

第2章　黄泉の国の光景

1　一号石室の調査

前庭部の調査

発見翌年の一九九三年一一月、いよいよ発掘調査がはじまった。密閉状態に戻したとはいえ、石室内がいったん外気にふれてから一年あまりたっている。

こうした事情から調査は、石室内の遺物をできるかぎり早く取り出し、安定した環境で劣化が進まないように処置をほどこすことが最優先となった。そこで、通常の古墳調査の手順とは逆になるが、先に前庭部《ぜんていぶ》・石室内を調査し、その後に墳丘を調査することにした。

ちなみに、この石室は現在、「一号石室」とよんでいる。それは、その後の墳丘調査で墳丘の中に複数の石室があることが判明したためであるが、このことについては節をあらためて述べることにしよう。

さて、横穴式石室は石材を組み上げてつくった石囲いの部屋である（**図6**）。通常、横穴式石室は、遺骸をおさめる「玄室《げんしつ》」、入口から玄室に続く天井の架かった通路「羨道《せんどう》」、玄室と羨道の境の「玄《げん》門《もん》」という三つの空間で構成されている。そして埋葬の際は、羨道の入り口部分に石を積み上げたり、大きな板石を立てかけたりして石室を閉じる。この行為を「閉塞」とよんでいる。

道後平野では、葉佐池古墳一号石室のような小型の石室の場合、明確な羨道をもたず、閉塞を玄門部でおこない、この閉塞を補助するための天井をもたない短い側壁《そくへき》が玄門部に続くといった構造になっているものが多い。

このため規模の大きな墳丘に石室を配置した場合、羨道がない、あるいは極端に短いために、横穴式石室の入り口が墳丘内に深く埋まるケースがままある（**図7**）。こういった墳丘と石室との関係から、追葬《ついそう》などであらためて石室に入る必要が生じた際、墳丘

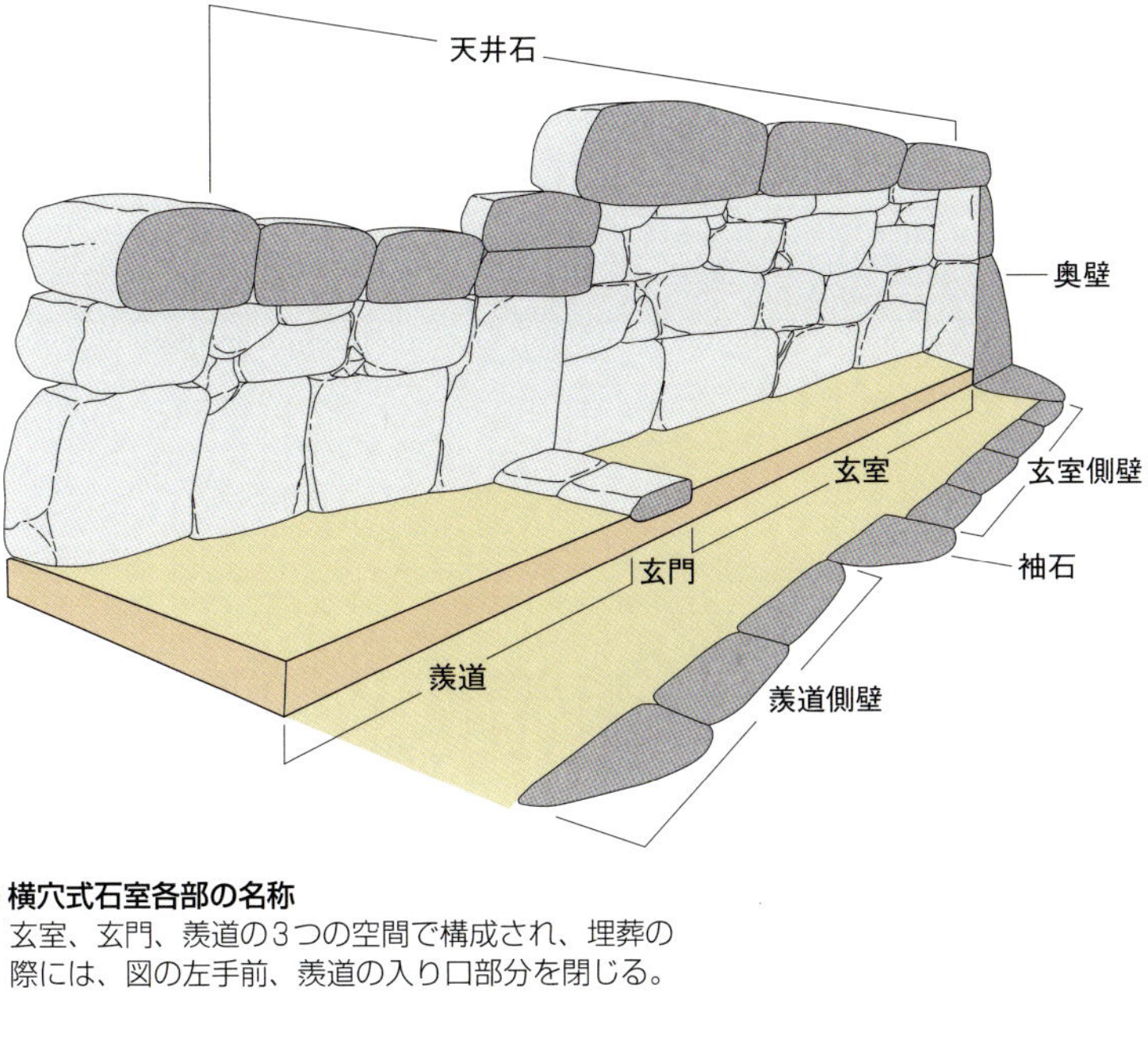

図６ ● 横穴式石室各部の名称
玄室、玄門、羨道の３つの空間で構成され、埋葬の際には、図の左手前、羨道の入り口部分を閉じる。

の石室入り口前の部分、前庭部を大きく掘削して入り口を掘りあて、用が終わればまた元の状態に復旧することになる。したがって、残りのよい古墳の場合、墳丘面にその作業の痕跡が残ることがある。

三回の進入痕跡

一号石室では、墳丘の前庭部にあたる場所の調査によって、掘削の痕跡が合計三回分見つかった（図8）。

石室入り口周辺の同じ場所を数回掘るわけだから、後の段階のものが前の段階の掘削範囲よりも大きければ、前の段階の痕跡は消されてしまう。したがって、痕跡を三回分確認したということは、石室への出入りは最低でも三回あったということだ。

後の石室内調査で三体の埋葬が確認されたので、古い痕跡を消すことなく、段階を追うごとに前庭部空間が小さくなっていることがわかった。それぞれの段階に用いられた前庭部を、古い順に前庭部0↓

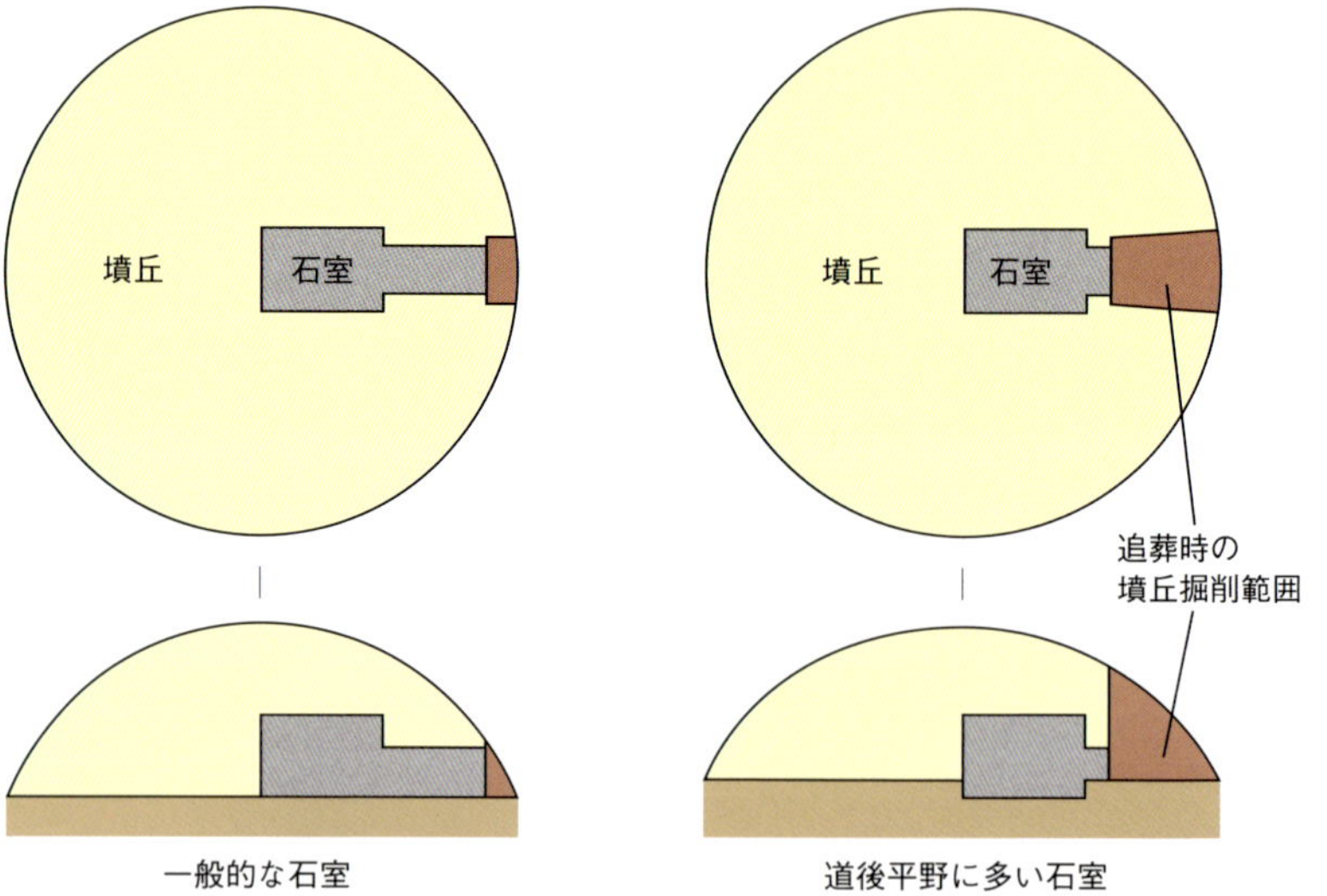

図7 ● 墳丘と石室の関係
横穴式石室墳では墳丘の中軸あたりに奥壁を配置するのが原則。そのため、羨道が短い石室では墳丘を大きめに掘らなければ入り口にたどりつけない。

1→2と名づけた。

今回の調査は保存が目的なので、もっとも新しい前庭部2を完掘したのみで、0と1については、トレンチとよぶ試掘溝による断面調査などで部分的な調査にとどめた。このような部分的な掘削ではあったが、各段階の前庭部から、埋葬にともなう前庭部祭祀に用いられたと考えられる土器の一部が出土した（図9）。これらの土器から、この石室は六世紀後半に築造され、七世紀初頭段階まで追葬に用いられたものと考えることができた。

やはり石室は未盗掘だった

これらの前庭部のうち、もっとも古い前庭部0は、おおよそ南北一〇メートル、東西四メートルという、石室規模からみても格段に広い空間で、墳丘南部からの墓道《ぼどう》がこの前庭部に接続している。

これらのことから前庭部0は、墳丘を掘削・埋戻しした痕跡ではなく、石室完成段階で初葬《しょそう》のためにしつらえた空間であると判断した。つまり、石室が完成した段階

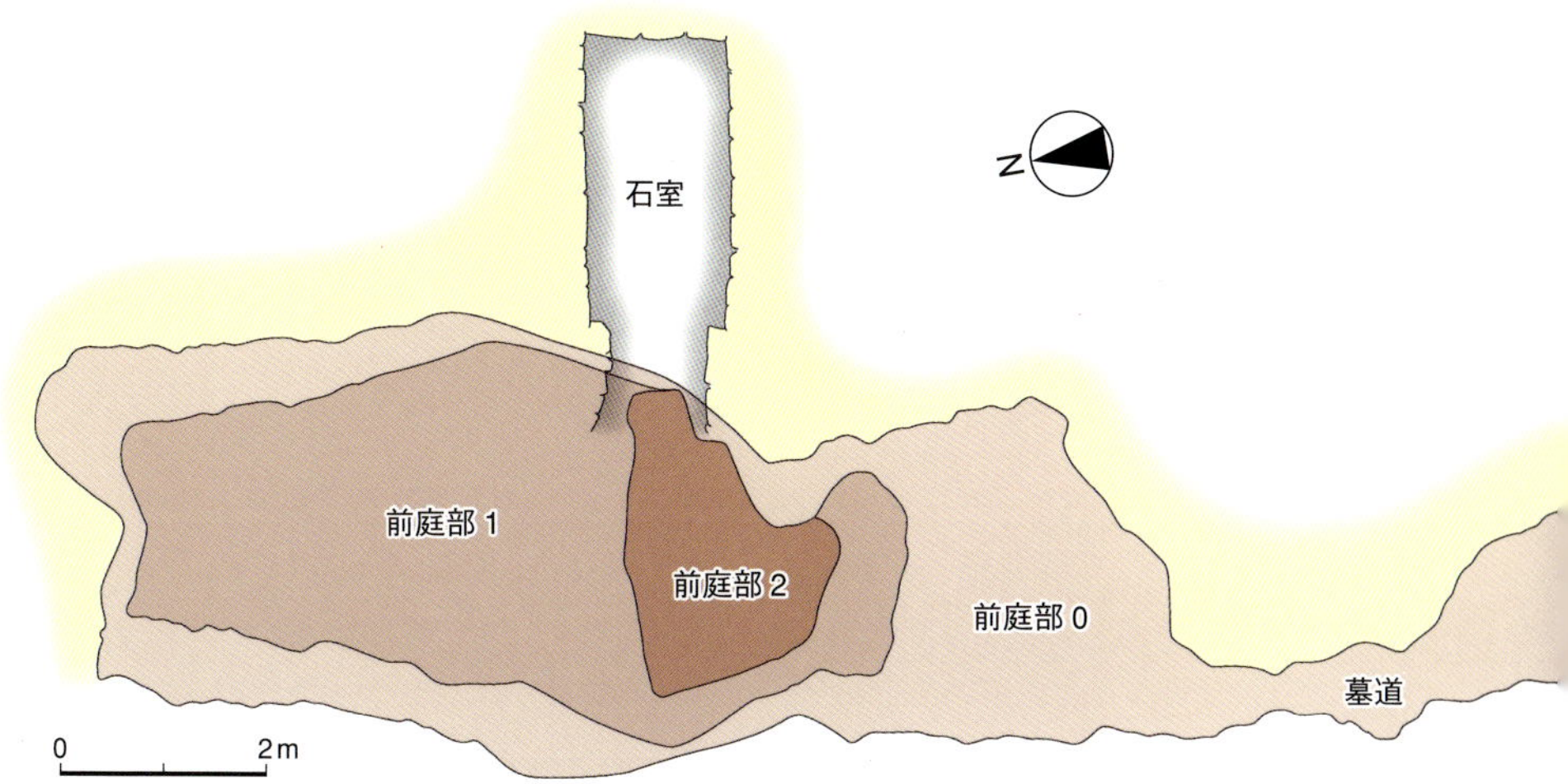

図8 ● 前庭部平面図
似かよった土で墳丘を復旧するため非常に見つけにくいが、
何度も精査して各段階の埋葬痕跡を見つけることができた。

では、この石室前面部の空間を除いて墳丘はほぼ完成しており、初葬終了後に墓道を含めてこの空間を埋めて墳丘を完成させたのである。なお、開口部全体を使った石室への出入りは初葬と一回目の追葬時のみにかぎられ、最終埋葬では閉塞石を部分的に取り外して出入りし、埋葬をすませていることもわかった。

この前庭部の調査で、この部分に攪乱《かくらん》や破壊の痕跡はなく、また開墾作業時の天井石周辺の攪乱以外に石室周辺の墳丘にも破壊や攪乱はないので、この石室には古墳時代後期の最終埋葬で入り口を閉じられて以降、誰ひとり侵入していない未盗掘墳であることが確定した。

石室内へ

前庭部の調査が終わり、いよいよ調査は石室内へと移ることになった。この段階で石室入り口および前庭部を取り込むかたちで墳丘上に覆屋を設け、石室内の環境をできるだけ安定して維持できるような措置をした（図10）。

石室は玄門部の階段を降りて入る構造で、閉塞はこの階段の上段面にひと抱え程度の石を積

図9 ● 1号石室追葬にともなう祭祀土器の出土
前庭部に、須恵器坏数点と葬祭専用につくられた土師器高坏が置かれていた。

み上げておこなわれている（図11）。閉塞に用いられた石を全部取り除けば、高さ一メートル、最大幅〇・八メートルの本来の開口部となるが、調査にあたっては、最終埋葬時に使用された部分的な閉塞石の取り外しによる開口部を用いることにした（図12）。つまり八段ほど積み上げられた閉塞石の上半部四段のみを取り外して出入りするのだ。開口部を小さくして、できる限り石室内の環境を維持したいとの思いからである。

図10 ● 1号石室覆屋
石室の環境維持はもちろん、立っていられないほどの冬場の強風対策にも不可欠な施設であった。

図11 ● 1号石室入り口にたどりつく
石を積み上げて閉じられた入り口の向こう側には、1400年以上前の黄泉の世界がある。

このため開口スペースは最大で高さ〇・五五メートル、幅〇・六メートルという狭さとなった。玄室へはこの狭い開口部をくぐり、残りの閉塞石や階段の高さをあわせた一・一メートルの段差を降りてたどり着くといった不自由な姿勢での出入りが続いた。

ちなみに、開口直後に測定した石室内は、一月で温度九度、湿度九七パーセントであった。

玄室は非常に狭く、また床面の半分以上が崩落土砂におおわれているため、床面の状態が見えない（図13）。このような現況では、まず玄室内床面に降り立つスペースがない。そこで壁体の目地を利用した梁《はり》を手前側から順次設置していき、計四本の梁の上に板を渡して作業足場とした（図14）。玄室床面から約〇・四メートルの高さである。

この足場の設置の間も一度も床には降りず、また調査中万が一にも落下することがないような手順と工夫が必要であったが、当時現役を退き補助員として仕事を手伝ってくれた池田学さ

図12 ● 最終埋葬時の開口部
最終埋葬時はこのような状態で石室へ入っている。写真下半に写っているのは、取り除かなかった閉塞の石積み上面。

んの知恵と工夫と巧みな技によって、文字どおり調査の足がかりを得たのであった。

こうして調査のための足場を設置することができたので、玄室内で宙吊りになった天井石は、作業の安全のためこの段階で取り除き、抜き取り穴は詰め物で塞いだ。また覆屋も、この抜き取り痕を取り込むかたちに拡張した。

石室の全長は四メートル、うち玄室長二・八メートル、幅一・四メートル、高さ一・八メート

図13 ● 開口直後の１号石室
宙吊りになった天井石の下端が写っている。余裕があるように見えるが、盛り上がった土砂との距離は70㎝程度しかない。

図14 ● 落ち込んだ土砂や石を取り除く
真っ暗な石室の中、20Ｗの蛍光灯１本と手許の懐中電灯の灯りを頼りの作業が続いた。

ルと、ほぼ発見時の写真から想定されていた規模の小さな石室だ（図15）。付近の小野川で採取できる比較的小ぶりな砂岩の転石を積み上げて構築している。

玄室内では、発見時に崩落した墳丘盛土や石室石材を取り除き、発見前の状態を再現し、記録することが当面のおもな作業となった。

木棺と板と被葬者

崩落土砂や落下石材を除去すると、発見前の石室状態が姿をあらわした（図16・17）。

玄室には、主軸に平行して二基の木製埋葬具が並列して置かれている。入り口から見て左側の一基は組み合わせ式の箱形木棺が崩れた状態で、奥側小口板近くに三個の河原石、その上や近辺に粉々になった人骨頭部片が一体分見つかった（被葬者《ひそうしゃ》A）。

発見当初、立体物、つまり蓋がのった状態の箱形木棺の可能性も期待した右側の一基は一枚の板であった。その板の上に人骨が一体、自然石を枕にしてのっている（被葬者B）。この人骨の状態も悪く、かたちをとどめているのは脊椎骨や大腿骨の一部で、大方は粉々になって砂のように板の上に積み上がっていたり、枕石に一見泥のように貼り付いていたりした。

また玄室北東隅には、カタヅケといって、本来の埋葬位置から移動した状況の骨（被葬者C）を安置しており、合計三体の被葬者を埋葬していることがわかった。

骨の状態はおしなべて悪かったが、板の上の被葬者Bが熟年男性、奥隅の被葬者Cが成年の男性であることがわかった。木棺内の被葬者Aについては、特定に有効な部位がなく性別は不

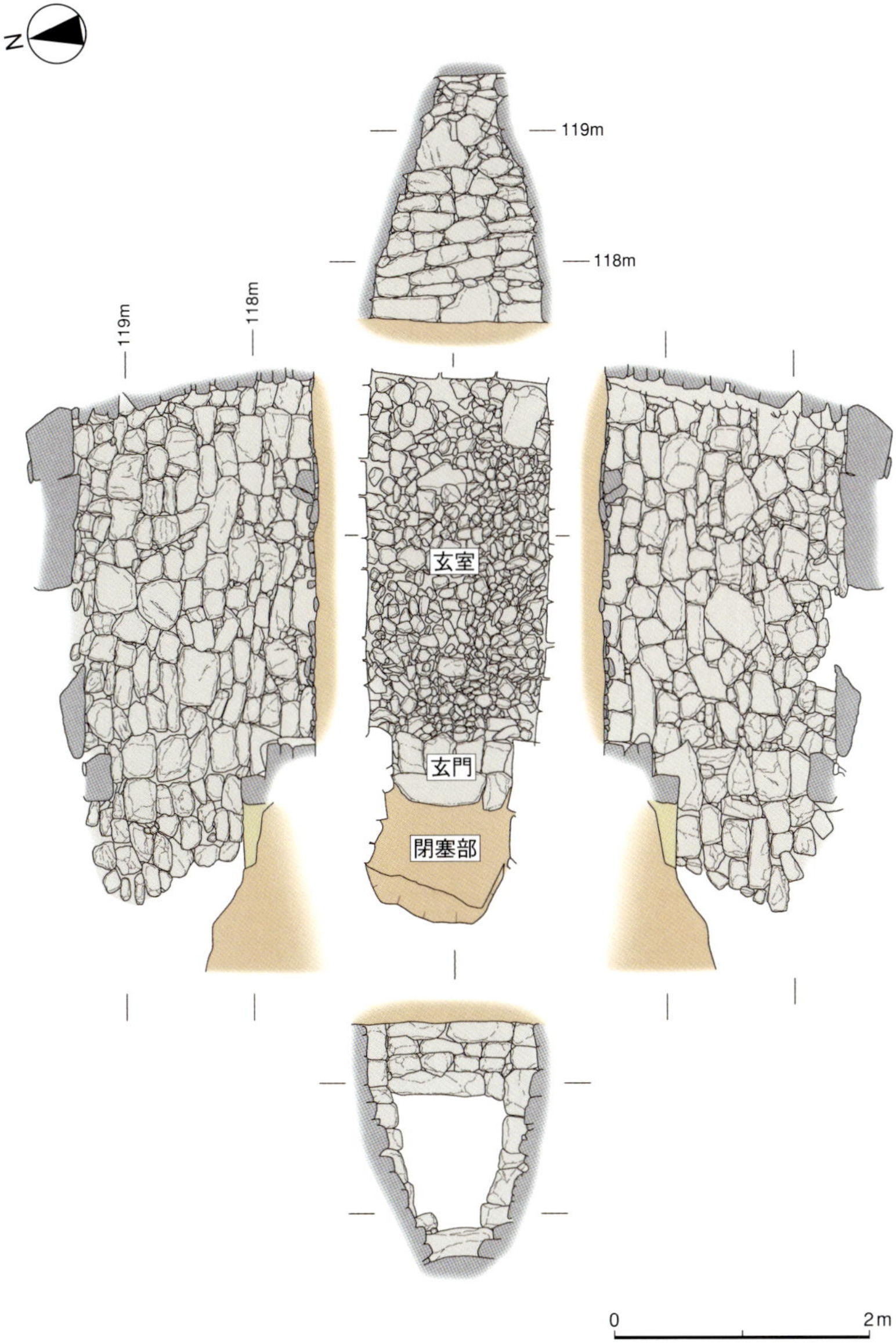

図 15 ● 1 号石室実測図
両側壁や奥壁は内側に持ち送られ、横断面形はアーチ状となっている。
小ぶりの石材を積み上げた石室の強度はこの構造で保たれる。

図16 • 発見前の状態に戻った1号石室の内部
古墳時代に閉じられて以降、人の手が加わっていない黄泉の世界の光景である。

詳、ただ歯の分析から熟年ということはわかっている。

それぞれの被葬者の頭部には朱を塗っていたようで、頭部の骨片に朱の痕跡が残っている。また、各被葬者の骨に平織《ひらおり》の布小片が付着して発見された。これらが衣装であったのか、織物でくるまれていたのか、その出で立ちまではわからない。A・B両者の頭部の骨に付着があっ

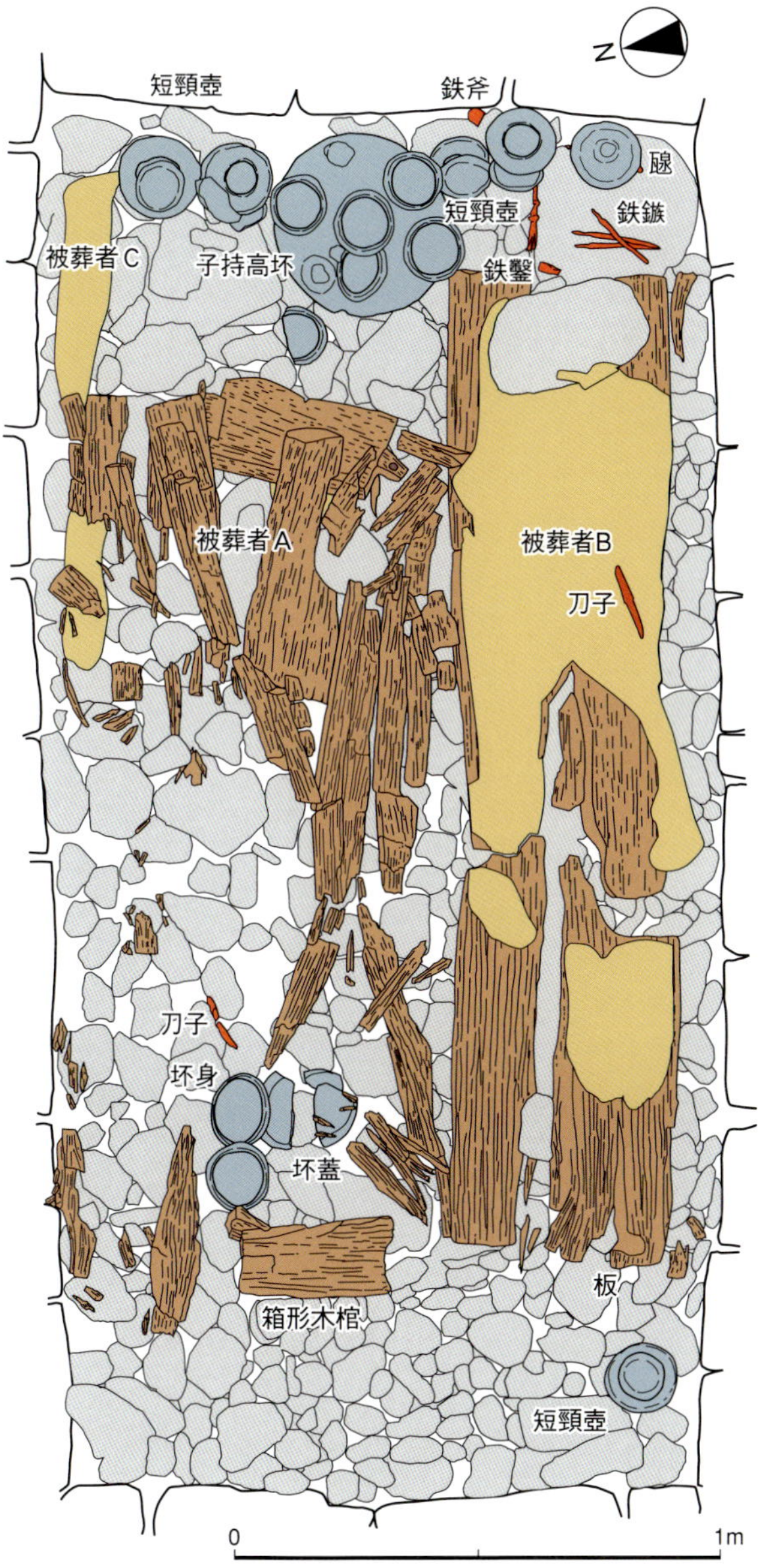

図17 ● 玄室内の配置
石室内調査の段階で被葬者Bの左腕の骨の一部かと考えられていたものが、後の屋内での精査で刀子であることがわかった。

たことからすると、布巻きであったのかもしれない。後に整備・公開された石室内では、被葬者Bを布巻きで復元している。

板上の埋葬

分析の結果、箱形木棺も板上埋葬に用いられた板も材質はヒノキであることがわかった。湿度九七パーセントという湿潤な環境下で、長年の間に細胞内の水分がゆっくりゆっくりと抜け、抜け殻となった細胞膜どうしがくっつきあって、外見上かろうじて木の状態を保っている状態である。麩《ふ》のように軽く、それよりもずっと脆い。そのような状態でありながら、一四〇〇年あまりの間、この環境下で腐朽しきってしまわなかったことについてはいまだに謎のままだ。

南側の板上埋葬に用いられた板のサイズは四五×一九三センチで、厚さ三・五センチである。従来、このような埋葬方法は可能性として指摘されたことはあったが、現実のものとして確認されたのははじめてのことだ。

板の奥側は、床面に敷かれたひときわ大きい扁平な石の上にのせてある。手前側にはそのような施設はない。しかし、奥側の石も他の床面の河原石と同じく直接、地山《じやま》の上に置いているので、奥と手前とではほとんど傾きがなくほぼ水平である。

箱形木棺

箱形木棺の底板は破片がわずかしか残っておらず、蓋板も頭部側が一部残っているだけだった。この部材や小口《こぐち》板の幅、側板《そくばん》の厚みを加えた数値からすると、蓋板の幅は四三＋αセンチということになる。南側の板の幅四五センチを参考に、復元にあたっては一応、幅はこの数値をとることにした。

全長は不明だが、小口板の表裏やその倒れ方もわかっているので、木棺の内法《うちのり》の長さは一七〇センチになる。蓋板には頭部側の小口板とのアタリの痕跡が明瞭に残っているので、これから端部までの距離をプラスすると全長は一八五センチになる。内法のサイズで頭部側幅三七センチ、足部側幅三〇・五センチ、深さ二三センチとなった。後に、同じくヒノキの板を用いてこのサイズで復元してみた（図18）。身長一六〇センチ、体重五〇キロと小柄で細身の筆者が、肩をすぼめてやっと横になることができるくらいのサイズだ。

現場組み立ての棺か

この木棺の構造上の一番の特徴は、釘やカスガイなどの金属製の留め具を用いないことだ。小口板と側板は通し枘《ほぞ》組みという組手で組んである（図19）。

図18 ● 復元された木棺
小口板と側板を厚さ３cm、蓋と底板を４cmのヒノキ板で復元した。通し枘組みは想像以上に強力だ。

小口板の両短辺に枘という突起を削り出し、側板の厚みのちょうど外側にくるように、およそ一センチ四方の孔を空ける。側板にはこの枘が通るだけの孔を設け、小口の枘を通したら、枘に設けた穴に栓《せん》という先細りの角棒を打ち込んで、両部材を固定する。

　こうやって組んだものを底板の上にのせ、蓋をかぶせるだけで釘留めなどはしていない。ことによれば、パーツをそれぞれ石室内に持ち込み、現場で組み立てて埋葬したのではないか、と考えている。

　この木棺は、棺台石の上に据えられていた。奥側小口板が倒れかかっている大きめの石が棺台、これに手前側から寄りかかっている小さめの石二個は、木棺内に納められていた枕石である（**図20**）。底板と見られる棺材の破片が前者にはなく、後者二個の下に遺存していることか

図19 ● 木棺東（頭部）側の小口板付近の状況と組手部分
上：蓋が載った状態のまま入り口寄りに倒れている。折れてはいるが枘に通された栓もそのままだ。下：小口板の外面には枘との段差が設けられ、内面にはそれがない。

らそう判断した。一方、入り口側には扁平な石を置いてこれを棺台としている。奥の石の高さが一三センチ、入り口側が四センチなので、木棺は足元側に九センチ程度傾いていたことになる。遺体からの体液を流すことを意図した傾斜であったのであろうか。結果として、木棺底板片は奥の頭部側にわずかではあるが残り、足元側にはまったく残存していなかった。

副葬品の配置

副葬品は、奥壁直近に子持器台という葬祭専用につくられた特殊な器形の須恵器を真ん中に置き、その両側に有蓋短頸壺《ゆうがいたんけいつぼ》が二個ずつ、さらに南東の隅近くに𤭯《はそう》とよばれる液体を入れる壺を置き、この近辺に数本の鉄鏃と鉄《てっ》

図20● 木棺内の被葬者Aと、片付けられた被葬者C
木棺の蓋や側板を取り上げた。小口板が寄りかかっている3個の石の上に被葬者Aの頭部の細片が散らばっている。被葬者Cは左の壁際に片付けられた。

斧《ぷ》、鉄鑿《のみ》を置いていた（図17参照）。有蓋短頸壺は被葬者Bの足元近くの南西袖部《そでぶ》近くにも一個据えてあった。

　これらの遺物は、前庭部の各段階の土器や後述する追葬者の持ち物との突き合わせから、初葬の人物のための副葬品であったものと考えている。そのほとんどが欠けることなく、古墳時代の副葬当初のまま残っていたことになる（図21）。

　しかし、子持器台に取り付けた子坏の一個は欠けたままで、石室内に残っていないばかりか、後におこなった墳丘調査でも見つかっていない。つまり、この子坏は人為的に取り外されているということだ。状況から見て、古墳に埋葬する前段階での儀礼の場所で、そうした行為をおこなったのだろう。なお、子坏の蓋は一点もなかった。

図21 ● 1号石室奥壁近くの副葬須恵器

供えられた須恵器には蓋付きの短頸壺（右下の4つ）が多い。左下の𤭯は酒などの液体を入れる壺。胴部の穴に竹筒を挿し込んで、急須のように用いる。左上は子持器台。

箱形木棺の中には、被葬者Aの膝相当位置に坏身二、蓋一個が置いてあった（図17参照）。この近辺からは刀子《とうす》も一本出土した。これら木棺の中の副葬品は、被葬者Aのために供えられたものだ。

誰がどの順に？

では、被葬者A・B・Cの埋葬の順序はどうなっていたのだろうか。

最初に亡くなって埋葬したのは、奥に片づけてあった若年男性（被葬者C）で、箱形の木棺に安置した。六世紀の後半ごろのことである。まもなく性別不詳の被葬者Aが亡くなったので、棺を再利用するため被葬者Cは石室の奥隅に移動した。そして最後に埋葬したのは、七世紀のはじめごろに亡くなった板の上の成人男性（被葬者B）である。

このように判断したのには理由がある。まず、玄室奥隅の被葬者Cは、追葬の過程で移しているわけであるから、最終の被葬者ではない。土器の型式から見ると、箱形木棺に入っていた坏は奥壁側の須恵器群にくらべるとやや新しく、前庭部1で出土した第二段階の遺物と同じ段階のものである。しかし、石室を築造して最初に葬った人物は、この石室内でもっとも手厚く葬ったであろうから、箱形木棺に入れるのが自然である。そうすると被葬者Cを、箱形木棺から移した可能性が高い。このようなことをする理由は、木棺を再利用したいからにほかならない。

被葬者Cについてくわしく観察すると、奥側に頭部、続いて下肢骨や肋骨、さらに踵やつま先などの足部の骨という配列で、他の被葬者と同じく頭位を奥側に置こうとしたことを見てとることができる。その他の部位の配列には大きな乱れがある。主要な関節を固定する軟部組織が腐朽した後にこの位置に移動したということだ。一方、頭部からもっとも離れた位置に置かれた両足部の骨は関節状態に近いまとまりで残っているので、これらの骨をつなぐ靭帯や軟骨などが腐朽しきってない段階でもあったようだ。

おそらく亡くなってから一〇年足らずのうちに移動したと考えられる。また、板の上の被葬者Bの骨については、状態は良くないが乱れが見られない。これらのことから、前述したような順序で埋葬されたと結論づけた。

図22 ● 板の上の被葬者B
砂のように積もった骨片中に、比較的大きな部位がほぼ埋葬時の配列で存在していた。

木棺・人骨・副葬品の取り上げ

被葬者や木棺、副葬品の記録をすべてとりおえると、次に取り上げにかかった。板の上の被葬者Bは、骨の多くが細片になって板上に砂を盛りあげたようになり、その上に土砂が部分的にかぶっているような状態である（図22）。採光の悪い石室内での精査はむずかしいと判断し、板上にのせたまま搬出し、整理室の屋内で精査することにした。

奥壁近くの副葬須恵器のうち子持器台を取り上げると、その脚部直下から稲《いな》藁《わら》が出土した（図23）。円形に渦を巻いたような状態で、脚の下には敷かれて

図23 ● 子持器台を取り上げたら稲藁が
このようなものまで残る環境であるからこそ、木棺も姿かたちをとどめて残ってきたのだろう。

図24 ● ハマグリを納めた短頸壺
子持器台のすぐ右。被せてあった蓋を開けると、なかにハマグリが入っていた。

いなかった。この状態からすると、脚内部に詰め込まれていたものの一部が残った状態だと判断できる。たんなる梱包材であったのか、なんらかの祭祀に用いられたものなのかは謎である。

その南隣の短頸壺の蓋を開けてみると、そこにはハマグリの殻が内側を上にむけた状態で納められていた（図24）。

箱形木棺の両小口板の下端では、縒《よ》り紐が出土した（図25）。灰のようにもろく、それぞれ数センチ程度しか残っていない。ちょうど木棺の中央長軸方向をむいた状態であった。

これも、本来どういう用途のものであったのか判然としないが、棺蓋の裏側、小口板とのアタリの部分に絹と思われる布片が付着していたので、蓋を載せる前に棺身《かんしん》に掛け布していた可能性がある。この布に縫いつけるか、あるいは結びつけて、長軸方向に引っ張るように紐がま

図25 ● 小口板の下から出土した紐
かたちは縒り紐の状態をとどめているが、
触れると灰のように崩れる。

わっていたのかもしれない。

被葬者Ｂの調査

人骨の部位の特定、配置状況の作図など、人骨にかかわる調査・作業は、故・田中良之氏（九州大学大学院教授・当時）にお世話になった。

被葬者Ｂは、ヒノキの一枚板の上に自然石を枕にして安置されていた。この被葬者については、石室内で可能なかぎりの記録をとり、枕石や頭蓋骨、脊椎骨など残存している主要な部位を取り上げた後、その他の部位は板上にのせたまま松山市立埋蔵文化財センターに搬入、記録をとりながら精査した。

石室内調査時に橈骨片《とうこつ》かと見られていた腰部付近の骨らしきものが、じつは腰部に帯びた鹿《ろっ》角装刀子《かくそう》であることがこの時点で判明した。このことからも、石室内での調査環境がいかにきびしいものであったかがわかる。

細片となった骨片や、土砂を取り除いて残りのよい骨の部位を特定しながら、写真・図面など記録を補足していく。この過程で、焦げ茶色のゴミのように骨片にまみれていたり、骨に付着しているものがあることがわかった。ルーペで観察してみると、昆虫の蛹《さなぎ》のようだ。これらは人骨上半身の、とくに頭部から胸部にかけての範囲で多量に採取された（**図42参照**）。後に、これらがハエの蛹の抜け殻とわかり、「殯《もがり》」という儀式の存在を実証する考古遺物として注目されることとなる。

2　墳丘の調査

思いがけない規模

一号石室の調査を終えた後、墳丘を調査した。調査した一号石室は、未盗掘で稀にみる良好な遺存状況ということもあり、各方面から注目を集めた。しかし、石室そのものの規模は小さく、副葬品にも豪華なものどころか、ガラス玉一個すらない。このことから、ランクとしては低いクラスの古墳であると誰もが考えていた。したがって、墳丘も直径一〇メートル内外の小さな円墳であろうというのが大方の考え方であった。

しかし、いざ墳丘調査をはじめてみると、予想をくつがえし、長さにして四〇メートルを超える大規模な墳丘であることがわかった。また、丘陵東裾にみられるくびれ状のかたちや、ここに部分的にみられる列石《れっせき》の存在などから、全長六〇メートル近い前方後円墳の可能性が高いといったんは考えられた。

しかし、その後、二〇〇六〜二〇〇八年にかけて断続的におこなった追加の墳丘調査で、墳丘形態は南北に長い全長四一メートル、最大幅二三メートルの長円形で、現状での高さ六メートルに修正された（図26）。

ちなみに、道後平野で年代・墳丘規模ともに確実な六世紀代の古墳で、墳長四〇メートルを超えるものは、六世紀初頭、墳長六二メートルの前方後円墳である二つ塚古墳、四五メートルの前方後円墳である三島神社古墳の二基しかない。

埋葬施設が五基も

一号石室はこの長円形の墳丘の真ん中にはなく、南に偏った位置にある。このことから、墳丘内にはこの石室以外にも埋葬施設が存在することが予想された。その墳丘長軸ラインをトレンチで割ってみると、予想どおり、新たにいくつかの埋葬施設が見つかった（**図27**）。

まず、一号石室から北におよそ一〇メートル離れた位置に、もう一基の横穴式石室がある。一号石室よりも大型の石室で、これを二号石室と名づけた。

さらに、この二号石室の北六メートルに、小型の竪穴式石室、三号石室がある（**図28**）。一号石室と二号石室の中間の位置にも小型の竪穴式石室が見つかっており、五号石室と名づけた（**図29**）。これらの石室はすべて未盗

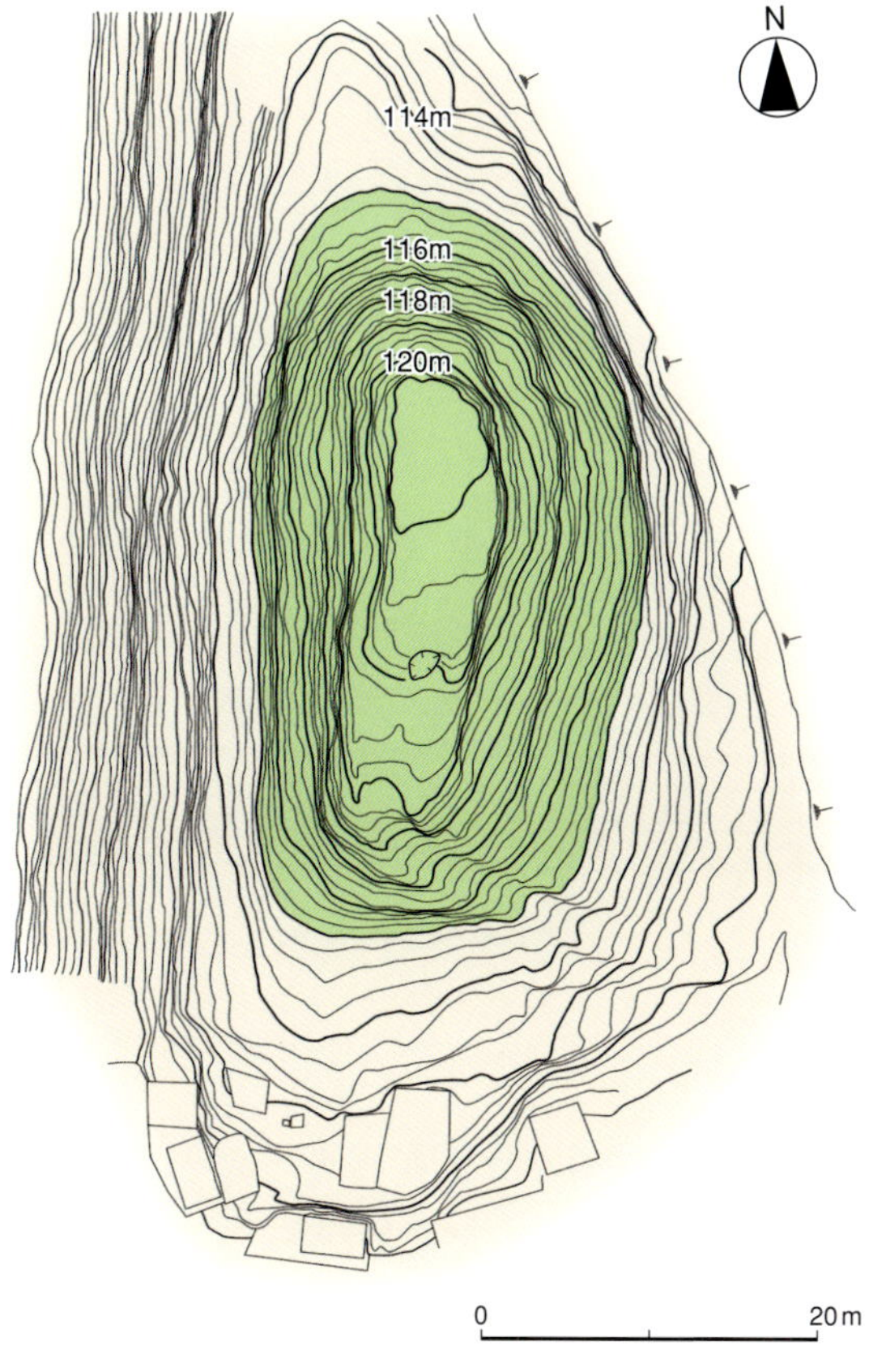

図26 ● 墳丘図
緑色に着色した範囲が墳丘。等高線の詰まっている部分は、段々畑で削った跡。急峻な西側斜面では多くの盛土が流失したものと思われる。

掘の状態で残っていた。

さらに、一号石室の南直近で横穴式石室の痕跡が見つかった（図30）。四号石室と名づけたこの石室は、いったん築造され、古墳時代のうちに床面だけを残して取り除かれたものである。その痕跡はきれいに埋めもどされ、外見上はまったくわからない状態にまで墳丘の復旧がおこなわれている。

そのほか四号石室南の墳端《ふんたん》近くには、墳丘内に完全に埋められた状態の集石があり、その下層の地山面に馬の下顎の骨が埋まっていた（図31）。一方、北の墳端近くの三号石室直近にも、やはり部分的な列石が埋もれていることがわかった。

これら埋葬施設相互の関係はつぎように考えられている。

古墳築造の契機となったのは二号石室である。六世紀中ごろの築造当初から、二号〜五号石室を計画的に配置し、同時に築造した。それぞれの施設に葬られるべき一族の構成員が計画段

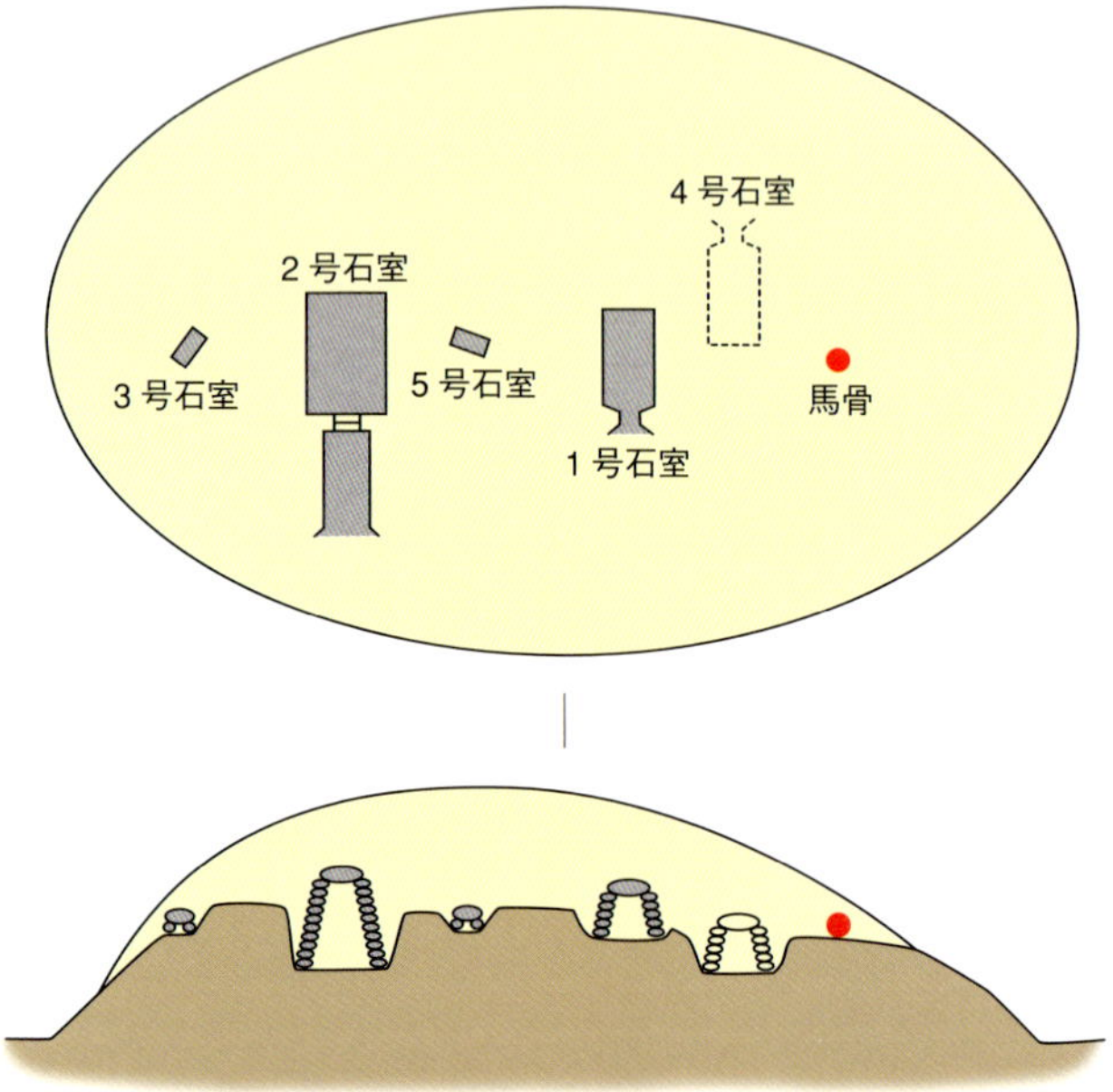

図27●墳丘内の石室配置模式図
ひとつの墳丘に複数の石室をもつ古墳が多い道後平野にあっても、これほど多くの石室をもつ古墳は葉佐池古墳以外にない。

図28 ● **3号石室と墳丘内列石**
中ほどに3号石室の天井石と小口壁の一部が見える。下方に写っているのは墳丘内列石。

図29 ● **5号石室**
層状に積み上げられた墳丘盛土の下に、小さな竪穴式石室の天井石の一部が見つかった。

図30 ● **4号石室**
写真下方のトレンチ底に4号石室床面の石敷き。上方に見えるのは1号石室南側壁裏側の石積み。

図31 ● **馬下顎骨の出土**
盛土にランダムに埋められた石群の下部に置かれていた。墳丘築造の初期段階で埋められたものだ。

階から決まっていて、それなりの施設を築造したのであろう。

墳丘南側に占地《せんち》し、二号石室と反対側の東に入り口をむけた四号横穴式石室も、この際、同時に築造し、埋葬施設としていったんは使用する。その後、いかなる事情によるものか、まもなく取り壊し、その跡に新しく一号石室を入り口を西にむけてつくった。六世紀後半のことだ。

一号石室は、最終埋葬がおこなわれた七世紀前葉に石室を閉じた後、およそ一四〇〇年後の一九九二年、偶然発見されるまで誰にも知られることなく丘陵上に眠ることになったのである。

3　二号石室の調査

新たな調査へ

最終的には長円形の墳丘という結論に落ち着くことになったのは述べたとおりだが、一次調査終了時点では、葉佐池古墳は埋葬施設を複数もつ前方後円墳の可能性が高いと考えられた。そうであった場合、一号石室はくびれ部に、二号石室が後円部の中心に位置する石室という位置関係になる。

そうであるならば、この古墳のメインとなる二号石室の内容抜きでは葉佐池古墳の古墳としての意味づけはむずかしい。調査が必要であろうというのが調査委員会の総意であった。この委員会決定により、葉佐池古墳の中心主体と考えられる二号石室の調査を実施することになった。

予備調査

調査に先立つ一九九六年九月、予備調査としてＣＣＤカメラで二号石室内の撮影をおこなった。これは先の墳丘調査の時点で、二号石室天井直上の墳丘を割ったトレンチ内に墳丘表面からは見ることのできない盛土の流失による墳丘内の空洞を確認していたからである。

このことから、石室には一部崩壊した部分があり、その部位から浸潤した雨水とともに盛土が石室内に流入している可能性が高いと予想した。案の定、空洞に差し込んだカメラケーブルは石室内に届き、その様子を映し出すことに成功した。

石室は奥壁周辺に崩壊個所があるようで、映し出されたのは奥側から玄門部を見た映像であった。閉塞に乱れはなく、一号石室同様に玄門部の段を降りて玄室に進入する構造となっており、その段上には脚付子持壺《きゃくつきこもちつぼ》が立った状態で置いてある。玄門部に塊石《かいせき》を積み上げて袖としていた一号石室と違って、ここでは大型の石材を立てて使っている。その近辺に筒形《つつがた》器台や子持器台が横倒しの状態で映っている。映像から見ると、一号石室よりもかなり大きめの石室だというところまでは把握できた。

また、二号石室以外の施設については現状のまま保存することは委員会決定であったが、この予備調査の一環として三号石室の撮影も試み、内部に幼児が埋葬されていることを確認した。古墳築造段階でいずれかから改葬されたのであろうか。

以上のような予備調査による情報を得たうえで、同年一一月一日から二次調査として二号石室の調査を開始することになった。

前庭部の調査

墳丘北側に設けられた二号石室は、両袖式の横穴式石室である（図32）。全長五・一メートル、玄室長三・七メートル、幅二・〇五〜二・三メートル、高さ二・四メートル、石室前面部に長さ二メートルの前庭側壁が取り付くかたちで、この部分までを含めると長さは七・一五メートルとなる。

玄室への進入は、一号石室と同じように玄門部の階段状施設を降りて入る構造となっている。玄室の容量でいうと、一号石室の約三倍の規模があり、また石室石材も一号よりも大きめのものを用いている。

石室の崩壊個所は奥壁南東隅部にあった。二個所の石材が抜け落ち、これにともなって土砂が流入していたが、そのほかの部分にはなんの破壊も進入の痕跡もない。古墳時代の最終におこなわれた閉塞以降、石室への進入がなかったということだ。

古墳時代の進入は、前庭部を埋め戻した埋土に認められる複数の面から確認し、初葬を含めて最低でも三回あることがわかった。閉塞石の取り外しは、この進入面の取り付きに応じたものとなっていた。

確認した進入面は、石室開口部全体を使った進入面と、これよりもやや上位の面、そして高さ一・一メートルの開口部の中ほどに取り付く面の三面と認定した。したがって、この最後の進入は幅、高さともに七〇センチ程度の開口スペースしかない状態でおこなわれている（図33・36）。

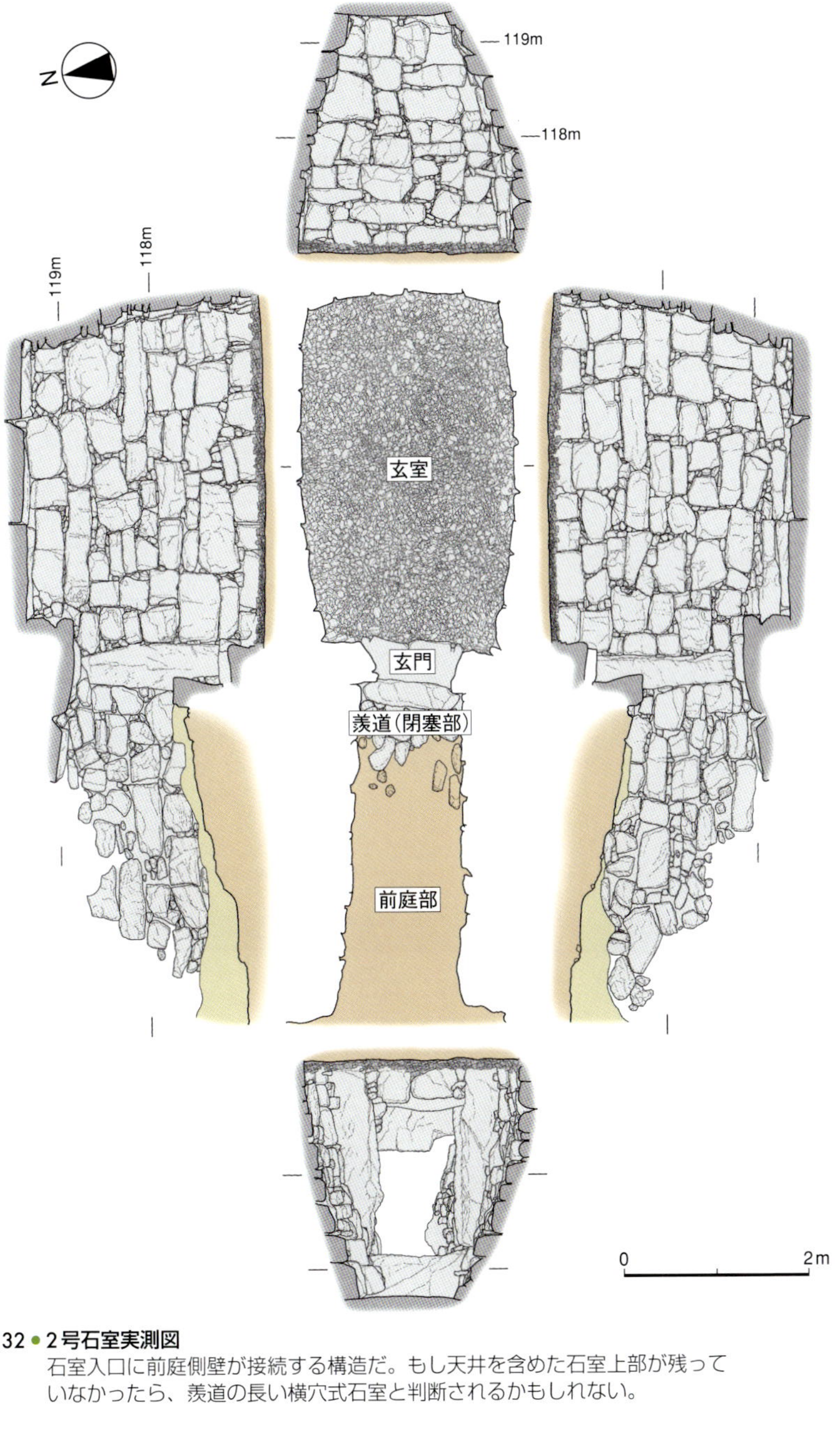

図32 ● 2号石室実測図
石室入口に前庭側壁が接続する構造だ。もし天井を含めた石室上部が残っていなかったら、羨道の長い横穴式石室と判断されるかもしれない。

開口部全体を使った面では、閉塞石下面から馬《ば》鈴《れい》、心葉形《しんようがた》飾り金具といった馬具が出土し、閉塞にともなってこれらを用いた儀礼をおこなったことが確認できた。それ以外の二面では、前庭部や閉塞部での儀礼の痕跡はなかった。

石室内の光景

いよいよ玄室内の調査がはじまった。調査は一号石室と同様、墳丘上に覆屋を設置しておこなった。なお、この調査でも石室内の環境に配慮して、最終進入時のもっとも小さい開口スペースを利用して出入りすることにした。

玄室は、奥壁石材が抜け落ちたことにともない、入口からむかって右奥四分の一の床面を流入土砂や壁体石材がおおっている状況であった（**図34**）。このほかの床は、落下した小ぶりの石材が若干は存在するものの、最後に閉塞される直前の状況を良好に残した状態のはずである。にもかかわらず、眼前には驚くべき光景がひろがっていた。

まず目に飛び込んできたのは、大小さまざまな木片が玄室床面をおおいつくすように散らば

図33 ● 2号石室閉塞部の検出
石積みの壁をもつ前庭部奥の閉塞石に最終進入面がとりつく。初葬の面はこの1m下にある。

とした状況を当然のように思い描いていたスタッフにとっては意表をついたものであった。一号石室のような整然っている光景であった。石室は未盗掘であることが確定しているので、

この様子は、予備調査の映像では把握できていなかった。正確にいえば、それなりの映像がおぼろげに映ってはいたのだが、そのような状況が横穴式石室の中に存在すること自体念頭になかったのである。木片を敷きつめた床面施設なのであろうか。

とりあえずこの状況を表面的に観察してみよう。木片の大きさは数センチの小片から長さ四〇センチ程度のもの、また厚さも一センチ以下のものから八センチ程度のものまで不揃いで、木目の方向にも顕著な統一性がない。まさに散乱とい

図34 ● 開口直後の2号石室
奥壁の一部の石が抜けて土砂がたまっている。
調査スタッフをアッと言わせた光景だ。

図35 ● 崩落土砂を取り除いた2号石室
奥壁近くの数個の石を取り除くと、そこはもう1400年前の世界だ。
それにしても、何が起こってこのような状態になったのだろう。

ってよい状況である。

大型の装飾須恵器をはじめとする副葬須恵器の一部がこれらの木片の上にのっていたり、また一部のものには木片が被っている。木片の上にのった人骨は確認できない。木片の下層や木片が少ない部分には、床面に河原石が敷かれていることが確認できる。したがって、木片は床に敷いたものではないことになる。

この段階で木片をランダムにサンプルとして取り上げ樹種同定をおこなったところ、「コウヤマキ」との結果がでた。コウヤマキは古墳時代前期以来、首長たちの長大な刳《く》り抜き式木棺に用いられることが多かったもので、棺材としては最上級クラスのものとされている。

玄室の全容

玄室内の南東四分の一に崩落した土砂を取り除くと、玄室の

図36 ● 奥から見た２号石室玄門部
一部しか取り外されていない閉塞石、古墳時代の最後の進入もこの状態でおこなわれた。

全容が見えてきた（図35）。いつの段階で奥壁の一部が壊れ、土砂の流入があったのか定かではないが、その下層からの木片の出土はわずかなものであった。もともと木片の散布が少なかったのか、湿った土砂におおわれたことにより消失してしまったのかは判然としない。

さて、ここであらためて副葬遺物の状況を眺めてみよう。

須恵器のうち脚付子持壺、子持器台、筒形器台などの大型の須恵器は玄室内の各所で無造作に横倒しの状態で置かれている。脚付子持壺の一点は玄門部の段上に立った状態で置かれていた（図36）。この子持壺の内部には、段直下や近辺の玄室床面で出土した破損した𤭯の胴部片が入れられている。筒形器台は、人頭大の二個の河原石の上に横倒しの状態でのせてある。これらの石は木片の上にのっている。

崩落土砂下層の石室南東隅には、高坏形《たかつきがた》器台の破片を集め、その上に金製の耳環《じかん》が一対のっている（図37）。その器台片は、すべてがこの部分に集められているわけではなく、やはりその破片が玄室内のあちこちに散った状態で発見された。

図37 ● 集積された須恵器上の耳環一対
玄室南東隅の頭部痕跡。耳環は銀を3割程度含む金無垢のもの。

　木片を図化しながら取り上げていくと、木片と混淆状態で、須恵器の破片や馬具（鏡板《かがみいた》、鞖《しおで》、革金具《かわかなぐ》など、図38）、装身具（耳環、ガラス玉、琥珀《こはく》棗玉《なつめだま》、貝玉など、図39）、武具として鉄鏃などが見つかった。また、カワシンジュガイ、カラスガイといった淡水産の二枚貝の殻の破片も出土している。

　須恵器（図40）の破片のうちには、装飾須恵器の子器なども含まれているが、転倒や落石などのアクシデントのみではなく、人為的に打ち欠かれ、はずされたと見られる状況のものもある。大型の須恵器が目立った存在で、筒形器台一、脚付子持壺二、子持器台一個があり、これらは完形であったり、玄室内の破片を接合してほぼ元の状態に復元できるものだが、先ほどの

図38 ● ２号石室出土の馬具
バラバラになった破片の多くが馬を
飾り立てるためのものだ。

高坏形器台がすべて揃わないのをはじめとして、玄室内に一部分しか存在しない須恵器類もある。子坏二点しか存在しない子持器台や、胴部の一部と子壺数点の破片しかない子持壺などがそれである（図41）。

馬具も本来、セットとして揃っていたものと思われるが、これもほんの一部しか存在していない。とくに、鞍《くら》に取り付けられる鞍という金具には二種類のものがあり、二組の鞍が本来ならば供えてあったものと思われるが、玄室内に存在しているのは、この種の金具の破片数点のみである。

この混淆状態のうちには、石室天井や壁体の目地からこぼれ落ちた土砂や砂礫が含まれており、明らかに動かされたと考えられる床面礫も見られる。つまり、床面の一部も含めて攪乱状態を呈しているのがこの玄室内の現状なのであった。

図39 ● 2号石室出土の装身具
道後平野ではめずらしい金無垢の耳環など、玉一つさえもっていなかった1号石室にくらべると、その格差は歴然としている。

木片の正体は？

このような状態は、子持壺内に𤭯片があることからわかるように、小動物などの侵入によるものではなく、明らかに人の手が加わってつくりだされたものだ。

さて、木片の取り上げが進んでいくと、副葬品や木片とともに、玄室内のあちこちから鉄釘が出土した。このことから散乱状態のコウヤマキ木片は、本来鉄釘で組まれた構造物であったことがわかる。

横穴式石室と木、鉄釘といった要素から、これらの木片はやはり釘付けの木棺

図40●2号石室出土のおもな土器
破片しか存在しないもの数点を加えると、大型の葬祭用須恵器が例外的に多いことが特徴。

の残片なのだろうという結論に落ち着いた。鉄釘は、長さ一二〜一三センチ、頭部を折りまげたり打ちのばしたりせず、とがる先端部にむかって楔形《くさびがた》にすぼまる形態のものである。頭部や身部の断面は矩形《くけい》のものが多く、大きいもので頭部の断面形が一・八×一・二センチになるものがある。ただし、述べてきたような玄室内の状況であるので、その木棺がどこに配置されていたのか、釘の位置からは判断できない。

図41 ● 副葬土器の接合関係
石室内の破片を接合すると、外側に配置した遺物に復元できた（色で対応関係を示す）。引き出し線は壊れていないか接合する相手のない破片。

埋葬されたのは三人

一号石室同様の環境で木片が残っていたわけだが、そのぶん人骨の保存には良くない環境であることも同様だ。なおその上に、玄室内のあらゆるものが打ち壊され、かきまぜられた状態にあるのだから、人骨の残りはきわめてよくない。

それでも、わずかに出土した骨片、歯のまとまりやそれらの形質学的な個体識別、加えて装身具の出土位置から、幼児一体を含む三体の被葬者の存在を推定した。

このうち成人二体は、奥壁側に頭を置いた主軸平行葬で、それぞれ玄室の南北に安置していたことが、おぼろげながら想定されている。歯や骨片、玉類のまとまった出土は、玄室南、むかって左側に集中して見られる。馬具や鉄鏃もこちら側の奥壁近くに本来配置していたものと考えられる。このことからすると、初葬の人物は、この位置に釘づけの木棺に納められて安置されていた可能性が高いと判断した。

玄室内で何が起こったのか？

何が起こったのかといえば、それは人の手が加わった遺物の毀損《きそん》や破壊、移動、攪乱行為の果ての現況であるとしかいいようがない。その経過やタイミングについては前提条件によっていろいろなケースが考えられるが、動きには二段階あり、いずれの場合でも確実なことは、最終埋葬後におこなった攪乱がそのうちの一回で、それが最後であるということだ。

その意味については、次章で考えることにしよう。

第3章　葬送儀礼をさぐる

1　「殯」とハエ

文献にみられる葬送儀礼「殯」

現在でも葬儀に際してはさまざまな儀式・儀礼があるが、古来、文献などによって伝えられてきた葬送儀礼で、「殯」「ヨモツヘグイ」「コトドワタシ」の三つはよく知られているものである。

殯は、古くは「魏志倭人伝《ぎしわじんでん》」に「喪《も》」としての記述があり、その後も『日本書紀』におけるイザナキの黄泉の国訪問説話中や天皇の崩《ほう》に際しての記述にたびたび登場する葬送儀礼である。その儀礼とは、死者が亡くなってからの一定期間、死者の霊を慰め偲《しの》び、またその再生を願うような意味あいを込めて、埋葬場所以外のところ（殯屋《もがりや》）に遺骸をいったん安置し、遺骸のまわりで種々の儀式をおこなうことである。これには、遺骸の変質していく様子から物理的に死を認識し、再生がかなわないことを確認する意味もあるといわれている。今でいう通夜に近いイメージの儀式であろうか。

殯を証明したハエ

殯については、このように文献によってその存在は知られていたが、その期間や場所についての具体的な実態を考古資料として呈示することは困難とされてきた。

考古学は発掘された遺構と遺物によっていにしえの人びとの生活・文化、社会を復元しようとする学問である。考古学的には、遺構としての殯屋が唯一その資料となりうるものだとされてきた。しかし、地面に残された建物の痕跡から殯屋を抽出することはほとんど不可能に近い。したがって、考古学側から殯についての深化した議論は、これまでほとんどなかったといってよい。このような状況の中、一号石室に埋葬された人骨から思いがけない発見があった。

一号石室に最後に埋葬された板の上の被葬者Bには、その胸から頭にかけてハエの蛹の殻、囲蛹殻《いようかく》が多量に付着していた（図42）。検出した蛹には、私たちになじみの深いニクバエ属のハエ

図42 ● 被葬者Bから見つかったハエの囲蛹殻
頭部の骨に平織りの布・朱とともに付着している。

と、もう一種類、ヒメクロバエ属のハエがあった。

これら二種のハエの行動習性からすると、被葬者Bには、亡くなった直後にニクバエ属が産卵にあらわれ、これに三〜四日遅れてヒメクロバエ属が産卵にやってきたようだ。ヒメクロバエ属の活動時季は、夏を中心に春から秋の間ということであるから、亡くなったのはその期間と推定される。また、ハエは暗闇では活動しないので、被葬者Bがヒメクロバエに卵を産みつけられたのは、真っ暗な石室内ではなく、ある程度光量があって出入り可能な密閉されていない空間だったということになる。つまり、被葬者Bは亡くなってすぐに石室内に埋葬されたのではなく、少なくとも三〜四日は石室外、それもある程度光量のある場所に安置されていたことになる。

この場所こそが殯屋にほかならず、この期間が殯の期間であったというのである。葉佐池古墳の事例も含めた考古資料、および文献の双方から殯を検討した田中良之氏は、殯は少なくとも死後数日間はおこなわれ、一週間を越えて数日もたてば埋葬するというイメージを描いている。

黄泉の国訪問譚と横穴式石室

記紀の神代の説話に、イザナキの黄泉の国訪問譚がある。亡くなった妻のイザナミを現世に連れもどそうと、イザナキが黄泉の国を訪れる。一緒に帰ってくれとイザナキが懇願すると、イザナミは、「私はもうヨモツヘグイ（黄泉の国の食事）をしてこの国の住人になってしまったので、一緒には帰れません。それでも、どうしてもというなら、この国の神様と相談をしてくるので、その間待っていてほしい。くれぐれも言っておくけれども、その間私の姿を見ようと思わないでください」と言ったのに、暗闇で不安になったイザナキは、自分の髪留めにしてあった櫛の歯を一本折りとって、これに火をともして明かりとした。そこでイザナキは明りに映しだされたイザナミの膿わき蛆たかった姿を目のあたりにすることとなる。

これに驚いたイザナキは黄泉の国から逃げもどろうとするが、怒り狂ったイザナミは、逃がすまいとヨモツシコメやイカヅチなど黄泉の国の軍勢をやってこれを追わせる。イザナキは、件の櫛や桃の実を放り投げたりしながら、ほうほうの体でヨモツヒラサカを駆け抜け、坂本というところにいたってこれらを振りきり、ここで千引《ちび》きの石《いわ》を立ててこれを防ぎ、この石を間にして「コトド」をわたすという絶縁の会話を交わした。

その会話とは、イザナミの「かくなるうえは、あなたの世界の人間を一日に千人殺してくれよう」という台詞に応えて、イザナキが「ならば、こちらでは一日に千五百の産屋《うぶや》を建てよう」というやりとりで、この世の生と死のはじまりを物語ったくだりである。

以上の記紀の説話は、横穴式石室内における行為や光景を説話化して表現したものだと古くからいわれている。

遺骸を納める玄室を黄泉の国に、羨道をヨモツヒラサカに、閉塞石を千引きの石に置き換えて物語が構成されているというのである。一号石室内での被葬者Bの、多量のハエにまみれた姿は、奇しくもこの黄泉の国説話におけるイザナミの姿を彷彿とさせるものとなった。

2 「ヨモツヘグイ」と「コトドワタシ」

葉佐池古墳の「ヨモツヘグイ」

それではここで、殯以外にこの古墳で認められた儀礼の痕跡について振り返ってみよう。

一号石室では、すでに述べたように、奥壁沿いに並べられた須恵器のうち、有蓋短頸壺の一点の中にハマグリの殻が納まっているのを確認した（図43）。二枚のうちの右殻のみで、殻の内面を上にむけた状態であった。こじ開けた際にできたと思われる小さな欠けがある。明確に火を受けた痕跡が見られないところからすると、焼いたり煮たりの調理はしてなかったか、身だけはずして調理し、殻にのせたかのいずれかであろう。

壺の蓋は壺口縁を完全にはおおっておらず、やや隙間が開いた状態で斜めにのせてある。無造作に壺に入れ、蓋を被せてしまうのではなく、死者の食べ物として内容物を食せるようにとの配慮であろうか。

これは、黄泉の国説話でイザナミが現世へ帰ることができない理由として述べた黄泉の国の食事、

図43 ● 短頸壺とハマグリ
葉佐池古墳から海岸線まで直線で14km。
死者のために運ばれた食材だ。

「ヨモツヘグイ」のための供え物であるにちがいない。これを口にした死者は黄泉の国のヒトとなり二度と現世に戻ることはない。そのための供え物であった。

このような痕跡は、二号石室にもある。破壊され、かき乱された石室内の各所に散らばってカワシンジュガイやカラスガイの殻片が出土している。一号石室のハマグリ同様、「ヨモツヘグイ」のための食材であったのだろう。

葉佐池古墳の「コトドワタシ」

二号石室玄門部、石室を閉じるために積みあげられた閉塞石をすべてとりのぞいた床面に、馬具が二点置いてあった。これらは騎乗そのものには本来必要のないもので、馬を飾るためのものである。そのうちの一点は青銅《せいどう》鋳造《ちゅうぞう》製の馬鈴《ばれい》で、胸繋《むながい》や尻繋《しりがい》など馬体に装着した革帯にとりつけた鈴、もう一点は鉄製の心葉形飾り金具とよばれているものだ（**図38参照**）。

図44 ● 閉塞石を取り除いた2号石室玄門部
閉塞石を取り除いた玄門の床面は石敷きになっていた。
これより内側は黄泉の国である。

絞具《かこ》というバックル付きのこの種の金具は心葉形杏葉《ぎょうよう》という吊り下げ金具に似ているが、障泥《あおり》を吊るための金具だという見解がある。障泥とは、またがった騎乗者の足まわりを保護するために鞍から吊り下げた革板のことだ。この二点については不明だが、こういった馬具の中には、メッキしたり金箔や薄い金銅板を貼りつけたりして金ピカに仕上げられるものもある。

石室内での埋葬を終え、この部分に馬具を置いた後、閉塞石を積み上げて石室を閉じる。こういった行為には祭祀的な意味あいが込められているにちがいない。馬具を使った閉塞祭祀は非常にめずらしいが、この部分に土器を置いたり、割った土器を紛れ込ませたりしながら閉塞石を積むといった行為（図45）は、横穴式石室ではしばしば見られる祭祀痕跡である。先学たちは、これが記紀にいう「コトド」をわたす儀礼、「コトドワタシ」の痕跡に相当すると考えており、私もその考えにしたがっている。

ところで、この二点の馬具については、その年代にかなりの開きがある。おそらく舶来品である鈴は、古墳の築造年代、六世紀中ごろよりもさらに古くなる可能性があり、心葉形飾り金

図45 ● コトドワタシの痕跡
右上の石のかたわらに薄緑色の鈴、左下方に茶色く錆びた心葉形飾り金具が置いてあった。

具は七世紀前後のものである。このことから、この入り口部分で馬具を使った祭祀行為を、初葬とその後の追葬の段階でそれぞれおこなった可能性が高いと考えている。

つまり、この石室の被葬者一族は、「コトドワタシ」に馬具を用いるというめずらしい行為を伝統的におこなっていた一族であったのである。ことに初葬では、遺愛の馬具、もしかすると大事に伝えてきた舶来の馬具から鈴一点をとりはずし、鈴の音も悲しげに離別の儀式をおこなった後、この部分に置き、石を積んで石室を閉じるとともに、故人の肉体と魂を閉じ込めた、そのような光景が浮かんでくる。

一方、一号石室では、閉塞の部分に土器やその他の遺物を用いた祭祀のような痕跡はなかったが、石室への進入にともなう掘削痕が三回分あり、その各段階に土器の出土を確認している。これらのうちその二回目の段階、前庭部1の段階では、明らかに供献した状況でまとまった土器の出土があった（図46）。

このような前庭部での儀礼は、閉塞儀礼とは異なる墓前祭祀というふうにとらえる研究者もいる。たしか

図46 ● 1号石室前庭部出土の土器
前庭部での祭祀に用いられた。土師器高坏の坏部は小さく、長い棒状の脚部とつくりは簡便だ。裾の部分に空けられた四角い孔など、どこをとっても実用のものとは異なっている。

に閉塞に直接ともなう行為ではないが、一号石室のような小型の石室で、羨道をもたず玄門部で簡単な閉塞をおこない、墳丘深く石室が埋れるような構造の場合、前庭部の埋めもどしに際しては、やはり封じ込めの意識が強く働いたものと思われる。そういった意味では、二号石室にみられた絶縁儀礼に似た祭祀痕跡ではないか、私はそう考えている。

3　玄室内の謎の儀礼

儀礼か破壊か?

葉佐池古墳最大の謎は、前章で述べた、二号石室玄室内の状況である(図47)。石室は閉塞状態、前庭部墳丘も、数回にわたる石室進入の痕跡が見つけにくいほどきれいに埋め戻し復旧してある。つまり、古墳が古墳として機能し、意味をもっていた段階に閉じられて以降、何人も進入してないのである。後世の物盗りなどによる仕業でもなければ、また小動物などの侵入によってつくりだされた状況でもない。人間による意味のある行為の結果なのだ。

それでは、その意味とはなんであろうか。子持壺や子持器台の子器をはずしたりする副葬品の打ち欠きや移動は、追葬段階での埋葬にともなっておこなったものだろう。こういった行為のもつ意味については推測するしかないが、初葬の人物を、もと安置した位置から移動するカタヅケとよぶ行為や、追葬スペース確保のための遺物の移動などにともなっておこなった儀礼と考えられる。そこには、前葬者の遺骸をいじる、あるいは前葬者のために供献された遺物を移動するといった禁忌を犯すことへの畏怖から生じる鎮めの行為だったのだろう。

このような副葬品に対する儀礼的な打ち欠きや移動がある一方、結果として重なって見えてはいるが、おそらく別のタイミングで副葬品の破壊や木棺の打ち壊し、床面を含めた攪乱行為がおこなわれている。

そのタイミングとは、最終埋葬終了後のある段階の進入によるものであったと考えるのがもっとも考えやすい。では、このような状況を生んだ攪乱行為とは、一体どういった性格のものだったのだろう。先ほどの副葬品の打ち欠き・移動からさらにエスカレートした行為のように思える。そこには、魂の鎮めといった静的なものではなく、さらに進んだ動的な意味があるように思われる。

最終埋葬から一定期間をへて埋葬施設に進入し、被葬者の骨を動かす、あるいは手を加えるといった行為は、近年各種の事例が確認されている。

こういった事例をまとめた田中良之氏によれば、

図47 ● かき混ぜられた玄室床面
木片・遺物と床面礫とが混淆状態でかき混ぜられている。
落花狼藉とはまさにこのことだ。

骨化した遺体のおもに膝周辺の骨を原位置から移動したり、骨の上に容器を置いたりする行為が、とくに五世紀後半から六世紀末の横穴墓などで認められるという。こうすることで、死者がよみがえって歩けないようにという意味を込めた再生阻止のための行為と解釈している。

葉佐池古墳の例も同様に、再生阻止の意思表現としての破壊行為だったのだろうか。島根県出雲市に「国富中村古墳《くにどみなかむら》」という六世紀末ごろに築造した古墳がある。この古墳では、埋葬終了後二度にわたり石室内に進入し、副葬遺物の再配置や破壊・散布、果ては家形石棺の棺蓋の打ち壊しなどの破壊行為をおこなっていることがわかった（**図48**）。

出雲市教育委員会は、これを「よみがえるな！」の念を込めた死者の再生阻止儀礼のエスカレートした事例ととらえている。葉佐池古墳の例もこのような例と同じく、積み重ねてきた

図48 ● 島根県出雲市国富中村古墳の破壊された石棺
葉佐池古墳同様の未盗掘墳である。家形石棺の蓋が打ち割られ、石棺内に落ち込んだ状態で見つかった。3つの破片のうち2つは裏返されている。

鎮めのための儀礼の延長線上、再生阻止の意思を込めた破壊行為と理解しておこう。

そこまで破壊がエスカレートした原因とは、いったいなんだったのだろう。同一墳丘内に、石室ごと破却された四号石室のようなものがあることも含め、背景にはこの古墳に葬られた一族に起こった事情が複雑にかかわっているのではないか。うかがい知ることのできない謎の部分である。

4　墳丘での祭祀

馬骨の出土

先に述べたように、この古墳では、二号石室の築造を契機に三・四・五号石室を同時に構築している。石室を積みながら墳丘を盛り土によって造成していくが、その早い段階で、墳丘北端近くの地山上に列石を置き、南端近くの地山上に馬の遺体もしくはその一部を置いて、集石とともに盛土を積んでいる（図49）。

馬を古墳の墳丘や周溝などに埋葬したり、その一部や骨を埋めるという例は、道後平野のみならず愛媛県内においてもはじめての例であった。こういう例については、犠牲として埋葬した殉葬、病死などの原因で死んだものをたまたま埋める例、あるいは呪的な意味を込めて埋める例、場合によっては食用として屠殺したものの骨のみを埋めるなどのいろいろな側面が考えられている。

葉佐池古墳の馬については、トレンチによる部分的な調査だけでその周辺については未調査であるが、検出された状況からみて、下顎の骨のみを埋置した可能性が高い。邪悪なものを鎮める辟邪《へきじゃ》、あるいは鎮魂の意味を込めておこなった墳丘祭祀の痕跡であろう。

須恵器の散布や埋置

古墳発見時に墳丘北側に移動した土砂中や、調査の過程で設けたいくつかのトレンチから須恵器や土師器が出土した。

墳丘北側に移動した土砂は、おもに墳頂部を削って移動した土砂であるので、本来この部分の表面あるいは盛土中に存在していたものである。また二号石室周辺で掘削したトレンチ、とくに石室背後の墳丘盛土中からまとまった須恵器の出土がある。

こういった痕跡は、墳丘南端近くの四号石室近辺でも確認されている。離れた位置での出土、あるいは盛土の単位を越えたどうしでの接合例もある。石室の築造にともない、盛土を重ねていく、そういった墳丘築造工程の各段階で、土器を散布したり埋置する行為がおこなわれたも

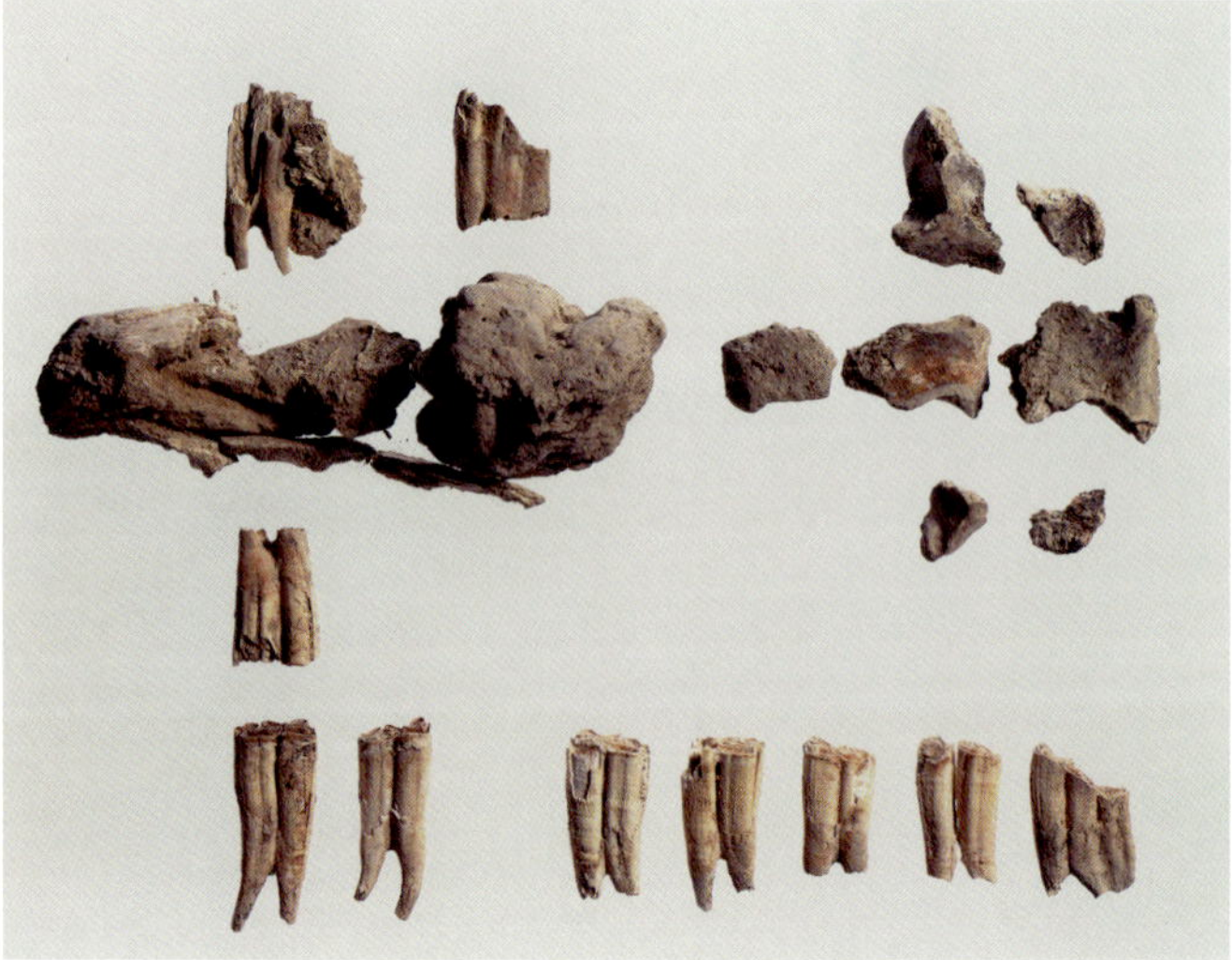

図49 ● 墳丘で出土した馬の下顎骨

のと思われる。

こういった祭祀に用いられた土器の中では、須恵器器台、坏、有蓋高坏や土師器《はじき》高坏が目立った存在である。これらのうち須恵器の有蓋高坏や、土師器高坏は石室内には見あたらない器種で、とくに土師器高坏は実用のものとはかたちが随分異なっている。墳丘や墓前祭祀専用に製作された土器群なのであろう。

また二号石室では、玄室内に一部分しか存在しない高坏形器台や子持壺、子持器台などがあったが、墳丘から出土した破片四〇〇点あまりの中には、これらに接合するものは一点も見られていない。ということは、破壊して石室外に持ち出したにしても、墳丘に散布したような状況ではないということだ。

どこか古墳の外に運んだのだろうか。それとも、畏怖や再生阻止の念から毀損したり、破壊したりしたものであるので、封じ込めの意識が強く働いてもちだすことはなかったのだろうか。その場合、パーツ不足の土器たちは、一号石室の子持器台の例にもあるように、埋葬以前に古墳以外の場所で毀損・破砕され、その一部が石室内にもち込まれたということになる。ことによると、その場所が殯屋なのかもしれない。見かけは同じように壊された遺物たちでも、そういった石室内外での行為の結果が重なって残されている可能性も考えておかなければならない。

このように葉佐池古墳は、古来の文献などの記述から想定されていた葬送儀礼の数々を鮮やかによみがらせてくれたと同時に、私たちが知りえなかった埋葬の実態を見せ、新たな謎を提供してくれたのだった。

第4章　被葬者像をさぐる

1　葬られたのは首長？

道後平野の横穴式石室

古墳の被葬者を、具体的に誰と特定するのはむずかしい。天皇陵のお膝元である畿内においてすら被葬者については諸説あり、特定されている古墳は少ない。ましてや記録や文字資料がないに等しい地方にあっては、これはもとより不可能である。

しかしながら、その立地や規模、墳形、副葬品など、古墳そのもののあり方から被葬者像を推定することは可能な場合がある。

葉佐池古墳の一号・二号石室は、ともに明確な羨道という施設をもたない石室で、玄室への進入には玄門部の階段状施設を降りて入る構造をとっている。そもそも横穴式石室という埋葬施設は、四世紀の後半ごろ、朝鮮半島から北部九州にそのアイデアが伝わった後、各地にひろがっていった、古墳時代としては新しい墓制である。

その初期の段階の石室にはいろいろな特徴があるが、入り口部分に段をもつものが多い。北部九州に発信源のあるそのような構造の石室は、古い段階の横穴式石室として、主に西日本の各地に点的に分布しており、地域によっては渡来系氏族とのかかわりが指摘されている場合もある。

一方、道後平野においては、こと玄門部段構造をとる石室に関しては、古墳時代後期を通じて普遍的に存在する。西からの横穴式石室の伝播以降、この地ではその構造が地域性として定着、展開していくのである。したがって、この石室構造は九州系の石室ではあるけれども、この平野では通有の石室なのであり、これをもって被葬者の出自にせまる材料とはならない。

墳丘形態と規模から

前・中期の巨大前方後円（方）墳を見てわかるように、古墳は埋葬施設であると同時に、政治的モニュメントとしての性格も備えている。基本的に中期以前の古墳には首長クラスの人物が葬られた。前期には鏡に代表される祭の道具を副葬品にもつ司祭者的な首長、中期には武具・甲冑などをおもな副葬品にもつ武力を背景に統治をおこなったリーダーたちがその被葬者であり、その権威の証が古墳であった。

葉佐池古墳の時代、後期に至って古墳は権力者の独占物ではなく、古墳に葬られる階層がより下位のクラスにまでひろがり、官人や有力農民までもが古墳を営むようになった。これが後期になって古墳の数が飛躍的に増加する理由である。その背景のひとつとして、横穴式石室墳という比較的簡便に再利用できる埋葬施設の普及があると言われている。

このように、後期に至って古墳が同族墓・家族墓へと変質していった段階にあっても、当然地域首長や有力者たちの墓はつくりつづけられ、古墳は権威の象徴としての側面も保ちつづけている。それは墳丘であったり、石室であったり、副葬品であったり、そのすべてであったり、さまざまなあらわれ方をする。墳丘でいえば、後期の中ごろまでつくりつづけられる前方後円墳や、大きな墳丘をもつ円墳や方墳が終末期まで存在することがその証である。

さて、葉佐池古墳の墳丘は、その規模全長四一メートル、最大幅二三メートルの長円形であった。道後平野の大型古墳といえば、そのほとんどが前方後円墳で、前期を含めて一四基ある。これらのうち最大のものが、二つ塚古墳で六三メートル、ついで波賀部《はかべ》神社古墳の六二メートル、経石山《きょうせきざん》古墳五六メートルとなり、以下は葉佐池古墳と同程度、あるいは下まわる規模のものである。

前方後円墳以外のものでは、砥部町の一墳丘二石室古墳、大下田《おおげた》三号墳が同じく長円形で三四メートルと目立った存在である。したがって、葉佐池古墳のような規模の墳丘は、平野の中小古墳七〇〇基あまりの中にあっては際立った存在といえる。

在地の有力な一族の墓であることは間違いないとはいえ、まだこの時期、首長系列の古墳として前方後円墳をつくりつづけている時期である。後述するように、道後平野の、温泉・久米郡域という中・後期の前方後円墳が多く存在するエリアにあって、全長四一メートルという大規模な墳丘をもったにもかかわらず、その形は前方後円形ではなく長円形であったということになると、政治的リーダーとはまた異なる被葬者像を想定したほうがよさそうだ。

では、次に、葉佐池古墳出現の背景を、道後平野における遺跡（図50）の展開からさぐっていこう。

2　考古学からみた道後平野

交易・交流の拠点

道後平野のこの地にはじめて稲作が伝わったのは、今から二七〇〇年ほど前の縄文時代晩期である。

平野西北部、北の斎灘に開けた、海岸線からおよそ一・五キロの低地に大渕《おおぶち》遺跡がある。稲穂刈りの道具である磨製石庖丁やモミ圧痕土器、そのほか稲作を裏づける証拠の数々が沼地から見つかった（図51）。

稲作は朝鮮半島から北部九州、東北部九州を経由してこの地に伝わり、さらに東中部瀬戸内の地域まで、リレーをするよう伝わっていった。現在のところ、瀬戸内南岸ではもっとも早い段階の稲作受容地が道後平野であった。

大渕遺跡での稲作の受容にみられるように、道後平野は文物や情報をいち早く受け入れ、またそれらを各地に発信する重要な中継地であった。これ以降も、その地理的な好条件、平野の

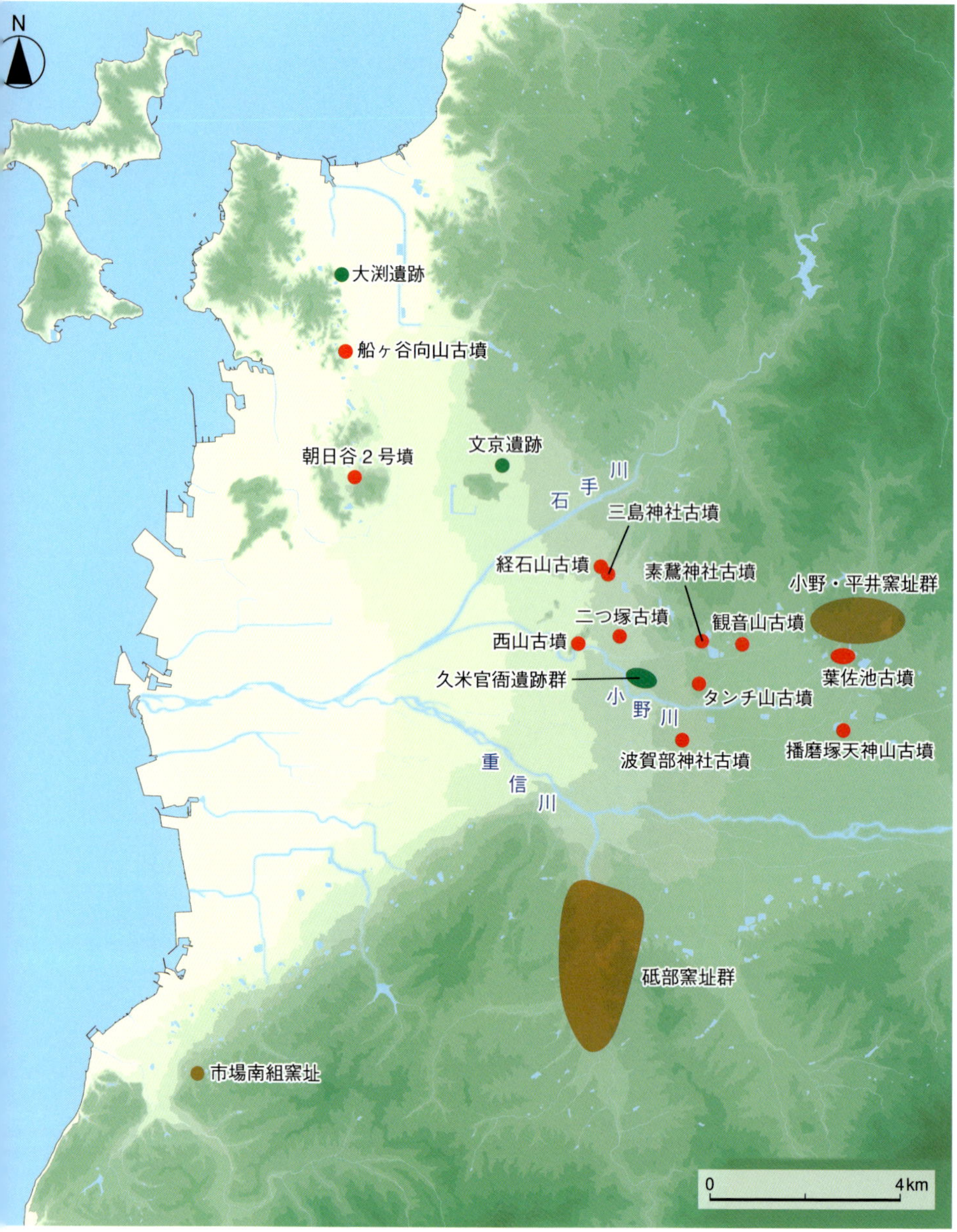

図50 ● 道後平野周辺の遺跡と古墳の分布
瀬戸内南岸の道後平野は文物や情報をいち早く受け入れる先進地であった。
古墳時代の須恵器窯址群は、平野南〜東南部の丘陵上に分布する。

豊かさを背景にその位置は保たれていく。

弥生時代中期後半ごろをピークとして栄えた遺跡に文京《ぶんきょう》遺跡がある（図52）。松山市のシンボル松山城の北側、愛媛大学城北キャンパスを中心にひろがる拠点的な集落で、その範囲は南北二〇〇メートル、東西三〇〇メートルにおよぶと推定されている。集落の内部は、中枢域、居住域、倉庫群、工房域といった具合に機能に応じた区画があったようで、居住域内での発掘調査では四五〇〇平方メートルほどの調査区内に一〇〇棟を超える竪穴建物が見つかった。また、集落中心部の中枢域には床面積一〇〇平方メートルを超える大規模な掘立柱建物や、直径八メートル以上の竪穴建物がそれぞれ複数棟、さらに祭壇と考えられる方形周溝状遺構が存在し、祭祀機能を備えた特別な空間であったことがわかっている。

このように、文京遺跡は大型建物群を中心に人びとが集住した密集型の大規模集落であった。出土したものには、多数の鉄製工具や鉄滓《てっさい》・ガラス滓といった集落内手工業生産をうかがわせる遺物のほか、破鏡《はきょう》、鋳造鉄斧《てっぷ》といった海外からの輸入品、土器では吉備、北部九州、讃岐、周防、安芸、近畿圏など各地方の特徴を備えた

図51 ● 大渕遺跡出土の石庖丁（上2点）**・石鎌**（下）
瀬戸内沿岸でもっとも古い磨製収穫具である。朝鮮半島由来の文様をもつ彩文壺などとともに出土した。

ものなどがあり、平野内だけではなく、中国・朝鮮半島を視野に入れた西日本各地との活発な交流をうかがわせる。

須恵器生産のはじまりと展開

古墳時代に入ると、平野南部に初期須恵器窯が築かれる。伊予市の市場《いちば》南組《みなみぐみ》窯がそれである。

大阪府南部の丘陵地帯に、畿内政権管理のもと須恵器生産を開始し、一貫して日本の須恵器生産をリードし続けた陶邑《すえむら》という一大窯業コンビナートがあるのは有名だが、これとは別に、須恵器の生産を開始した窯址が中部地方以西に点的に分布している。市場南組窯址もそのひとつで、西部瀬戸内唯一の初期須恵器窯址として注目されている。代表的な器種のひとつが高坏だが、その形態や製作手法に陶邑製品とは異なった特色をもつ須恵器を生産し、西日本の各地に広範に流通した。

この須恵器窯の出現と軌を一にするように、平

図52 ● 文京遺跡
中枢区の調査。円形竪穴建物の多くは直径8mを超える大きなもの。写真上方、調査区西端に写っているのは方形周溝状遺構とよばれている祭祀遺構。吉備や讃岐、北部九州系の土器が出土した。

野各地の古墳時代集落にカマド付の竪穴建物が出現し、朝鮮系の軟質土器が目立った存在となってくる。石手川左岸の樽味《たるみ》地区に展開する集落や福音寺《ふくおんじ》地区に展開する集落がその代表的なものである。

須恵器焼成技術も屋内カマドという設備も、本来、朝鮮半島からの渡来人がもちこんだものだ。朝鮮半島の日常雑器である軟質土器の出土は、渡来人の存在を示す手がかりのひとつとされている。その出土量からすると、これらの集落が渡来系の人たちの集落そのものではなく、在地の集落の中に渡来人が混住していたと推定されている。須恵器生産のはじまりとともに、この地に渡来人が暮らしていた痕跡が見つかっていることに注目しておこう。

その後、須恵器窯は平野南部に展開し、現在も窯業生産を主要な産業としている砥部地域、そして葉佐池古墳が属する小野・平井地区の窯址群、この二大窯址群が平野を代表する須恵器生産地として展開していく（図50参照）。

古墳の動向

道後平野にもっとも早く登場する古墳は、平野北部の朝日谷二号墳である。全長二五・五メートルの前方後円墳で、二面の中国鏡をはじめとする鉄剣、鉄鏃《てつぞく》、銅鏃《どうぞく》など八〇点あまりの副葬品を出土した三世紀後半代の首長墳である。

道後平野や高縄半島に出現する前期古墳は海に面して立地している場合が多く、西日本の東西回廊である瀬戸内海における海上交通の要衝を抑えた首長たちの政治的モニュメントとしての役割を担った墓と考えられている。

続く古墳時代中期、平野全体に中期前半の首長墳は希薄だが、中期後半〜末になって平野の北部に帆立貝式前方後円墳である船《ふね》ヶ《が》谷《たに》向山《むこうやま》古墳が、東南部に前方後円墳である波賀部神社古墳や観音山《かんのんさん》古墳といった大型円墳が出現する。そのほか西北部の鶴が峠古墳群、東部の東野お茶屋台・畑寺竹ヶ谷《たけがたに》古墳群など、低丘陵上に小規模な円墳からなる群集墳が営まれる。

後の平安時代の「和名抄《わみょうしょう》」によれば、古代伊予国は一四郡からなり、そのうち和気、温泉、久米、伊予の四郡と浮穴《うけな》郡の一部が道後平野にあったとされている。葉佐池古墳はそのうちの久米郡域の東端近くに位置すると考えられる古墳である。その郡域は、おおよそ石手川以南、重信川以北の、現在の松山市域の東南部一帯が久米郡に相当するものと考えられる（**図53**）。

古墳時代後期になって古墳は平野全体にほぼまんべんなく分布するとともに、前方後円墳を

図53 ● 道後平野5郡の推定エリア
おおよその位置関係を示した。古代の郡域・郡境については、細部でよくわかっていないところが多い。

はじめとする有力古墳が久米郡域あるいは隣接する温泉郡との郡境付近で目立った存在となってくる（図54）。

それらをあげていくと、桑原地区の二基、経石山古墳、三島神社古墳、北久米・福音寺地区の二つ塚古墳、西山古墳の二基、来《き》住《し》地区のタンチ山古墳、そして、小野川以南の高井から小野地区にかけての播磨塚天神山古墳がある（図55）。さらに、前方後円墳ではないけれども、平井地区の素《そ》鵞《が》神社古墳といった大規模な円墳、そして長径四一メートルの長円形墳丘を有するこの葉佐池古墳など、首長あるいは有力一族の墓が他のエリアにくらべると多く分布する。

これらの古墳の多くには、古くは古墳時代前期、新しくは中期段階から、その継続期間や成熟度には凹凸があるものの、基盤となる集落群を認めることができるが、来

図54 ● 葉佐池古墳周辺の古墳
葉佐池古墳が小野谷の出口付近に位置していることがわかる。示した有力古墳のほか、右から右下の丘陵上には中小の古墳が多数分布している。

住地区を含み、これより東の小野・平井エリアには、現在までのところ際立った集落の存在は確認できていない。しかし、来住エリアには七世紀前半には官衙《かんが》の整備が進み、久米評《くめのこおり》が立評され（図56）、後に久米氏の氏寺である来住廃寺も創建されることから、早くから地方豪族久米氏の本拠としての基盤が存在していたであろうことは容易に推定できる。隣接の平井地区についても来住のエリアに含まれてもよい位置関係である。

小野地区にあって前方後円の墳形をとる播磨塚天神山古墳は、播磨塚古墳群内に位置する。この古墳群の存在する播磨塚という地名は、「記・紀」あるいは「播磨国風土記」に登場する伊予来目部小楯《いよくめべのおだて》説話からきたものとされている。

それは、元播磨国の国司、伊予来目部小楯が雄略《ゆうりゃく》・清寧《せいねい》以後の大王位継承をめぐる混乱の中、播磨国に隠れ棲んでいた二皇子、億計《おけ》（仁賢《にんけん》）・弘計《をけ》（顕宗《けんぞう》）を見つけだした功績により高位を賜ったという記事である。任を終え、故郷に戻って亡くなった小楯の墓がこの地に築かれたという伝承が伝えられ、久米氏とのかかわりで説明されてきた古墳群である。

図55 ● 播磨塚天神山古墳
全長32.5m、葉佐池古墳よりも一世代前、6世紀初頭の前方後円墳である。

一方、同じ小野地区でも、葉佐池古墳の存在する小野谷周辺にはこれといった集落が確認されていない。しかし、この古墳の出現と前後して、周辺の丘陵麓では窯業生産が開始され、またこれ以降、造墓活動も活発になる。

図 56 ● 久米評銘が刻まれた須恵器片
「評」とは、8 世紀に「郡」が成立する以前の行政組織。政庁にごく近い地点で出土した甕の破片に刻書されたもの。

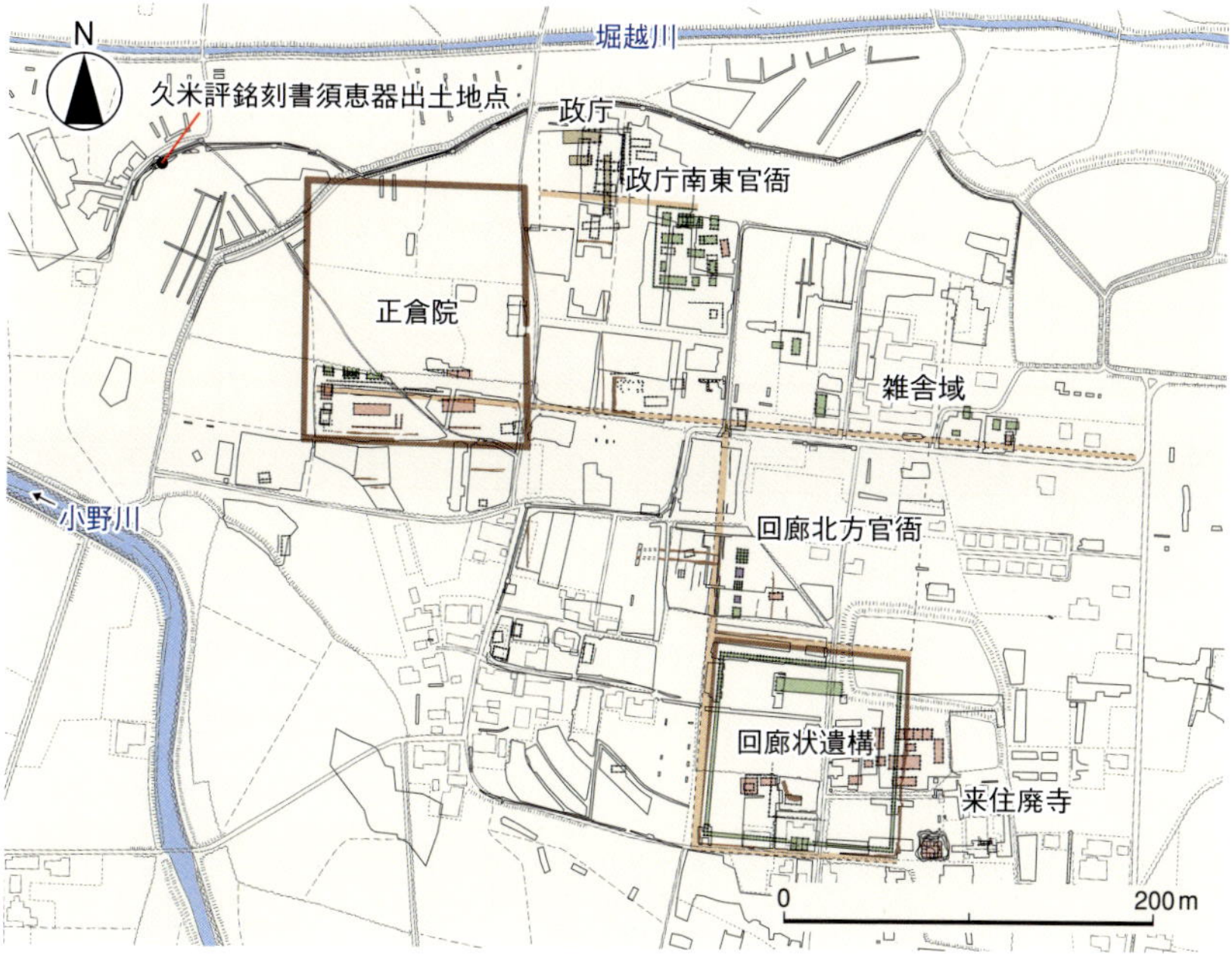

図 57 ● 久米官衙遺跡群
地方の役所としてはもっとも古い段階に整備が始まった。方一町の区画割の中に段階に応じて政庁、正倉院、回廊状遺構などの施設が整備され、後の段階で区画割を改変して寺院が創建、正倉院も拡充される。

久米官衙遺跡群

「熟田津《にきたつ》に船乗りせむと月待てば潮もかなひぬ今は漕ぎ出でな」

六六一年一月、百済救援のため難波津を出港した斉明天皇《さいめい》、中大兄皇子《なかのおおえのみこ》一行が伊予熟田津に到着、石湯行宮《いわゆのかりみや》に二カ月あまり滞在した後、筑紫国娜大津《なのおおつ》へむけての出港の際、同行していた額田王《ぬかたのおおきみ》が詠んだとされる有名な歌である。熟田津の比定地はまだ定かではないが、石湯行宮の可能性がある遺構群が葉佐池古墳の西方四キロの来住台地上にある。それが官衙「史跡久米官衙遺跡群」中に存在する方一町規模の施設、回廊状遺構である（図57）。

七世紀前半以降、久米官衙遺跡群の成立を契機に、葉佐池古墳周辺、小野谷の須恵器生産はピークを迎える。久米官衙遺跡群と小野谷の窯址群との間には供給需要の密接な関係があって、久米政権の管理のもとに須恵器生産をおこなっていたのが、葉佐池古墳周辺の窯業集団だったと考えられるのである。

3　窯業生産地のリーダー

立地から

このように葉佐池古墳は須恵器生産と深い関係がありそうだということが見えてきた。あらためて道後平野を代表する須恵器窯址群を概観すると、平野南東部の小野・平井窯址群、南部の砥部窯址群、南西部の伊予市市場南組窯址群が知られており、葉佐池古墳はこのうちの小野・平井窯址群のエリアに属する古墳である（図58）。

この窯址群の中では、七世紀中ごろの駄場《だば》姥《うば》ヶ《が》懐《たに》窯址が発掘調査されているが（図59）、このほかにもエリア内で採集された多くの須恵器があり、出土する須恵器の集中度、窯《よう》壁《へき》の散布、焼土・灰原《はいばら》の確認などを根拠に、一〇指にあまる須恵器窯の分布が把握されている。

現在のところ、小野窯址群における操業の盛期は七世紀後半以降と考えられており、その操業開始時期についてはよくわかってはいないが、現在採集されている須恵器のうちでもっとも古いものは、枝垂下池《しだのしたいけ》一号窯とされている六世紀中ごろのものである。この窯址は現在、その名称の由来となった溜め池に水没しており存否を確認するすべはないが、これらの遺物が実際窯址にともなうものであれ

図58● 葉佐池古墳周辺の窯址
高縄山塊南東麓にあたる一帯に小谷がいくつか存在し、その付近の丘陵斜面に須恵器窯が分布している。

ば、葉佐池古墳築造時にはすでにこの地で操業を開始していたことになる。

　こういった立地を考えると、葉佐池古墳の被葬者一族は小野谷周辺で須恵器生産にかかわった一族という可能性が高いのである。須恵器生産のリーダーということであれば、それは渡来系氏族の血を引く一族であった可能性が高い。この可能性を検証してみよう。

図59 ● 駄場姥ヶ懐1号窯址
丘陵斜面沿いの溝が窯の本体。天井のあるトンネルのような構造であったが、崩れて天井は失われている。下方の焚口で薪を燃やして本体内の須恵器を焼く。長さ8m。

習俗や墳丘築造技術から

　まず、墳丘南部に馬骨の埋置があった。古墳にともない馬を埋葬、埋納、埋置するような習俗が集中する地域が日本列島にはいくつかあることが知られている。長野県、千葉県、山梨県、大阪府、鳥取県、福岡県などの一部のエリアがその代表的な地域であり、その多くが古墳時代から古代の馬匹《ばひつ》生産地であったり、軍事的な馬集散地の可能性を指摘されている地域である。

　乗馬の風習は、古墳時代前期まで日本にはなく、中期になって横穴式石室や須恵器生産の開始と相前後して朝鮮半島からもたらされたものだ。これらの地域の古墳での馬供犠は、渡来系の馬飼集団とのかかわりが強いといわれている。

馬飼集団とは、馬の飼育・繁殖や調教など、馬にかかわる職能を身につけた専業集団をいう。葉佐池古墳の一例をもって、このエリアに馬飼集団の存在を云々するわけではないが、半島由来の習俗をもった一族であった可能性は高い。

同じようなことが、墳丘に埋め殺しにされた部分的な列石や集石からもうかがえる。このような墳丘内施設は、内護《ないご》列石や内護石などとよばれ、墳丘築造途中に設置された盛土区画をかねた土留めのための施設として、本来、半島からもたらされた土木技術であるといわれている。

埋葬施設の配置から

葉佐池古墳は、ひとつの墳丘内に複数の埋葬施設をもつものであった。その数は廃棄したものも含めて大小五基におよんでいる。道後平野で、ここまで多数の石室をもつのは葉佐池古墳のみだが、一墳丘に二～三基の埋葬施設をもつ古墳が比較的多く分布しているのも道後平野後期古墳の特徴のひとつで、数えあげるとその例は二〇ほどになる。

エリアや年代にもよるが、横穴式石室にかぎらなければ、ひとつの墳丘にたくさんの埋葬施設を設けるといったことは朝鮮半島によくある古墳のあり方ではある。道後平野におけるこういった古墳が、半島由来の古墳のあり方を反映しているのかどうかは検討を要する課題であるが、この平野の一墳丘複数石室古墳の一部は、渡来系の人びとの墓であった可能性が高いと私は考えている。

例をあげると、同じような窯業地域の、平野南部砥部町の大下田古墳群には三基の一墳丘二石室墳が知られている。平野中央部の福音寺町を中心としたエリアには、朝鮮系の軟質土器を出土したり、カマドつきの住居が多数存在する集落が展開しており、在地の人たちと一緒に渡来系の人たちが暮らしていたと考えられている。この集落南西一キロ、東石井町の独立丘陵上には、この集落の住人たちの墓と考えられる東山古墳群があり、古墳群中には三基の一墳丘二石室の古墳が確認されている（図60）。

同様の集落は、平野東部、石手川中流域左岸の樽味・東野《ひがしの》・東本《つかもと》のエリアにも存在しており、近辺の東野古墳群中や溝辺《みぞのべ》古墳などにも一墳丘複数石室の古墳が存在している。

出土遺物から

では、出土遺物から何か特徴がつかめるだろう

図60 ● 東山鳶が森4号墳
直径約14mの円墳。同一墳丘内にA（左）、B（右）2基の横穴式石室を築いている。6世紀後半～7世紀前半。

か？

古墳の副葬品の中には渡来系の遺物がある。二号石室の純金の耳環、トンボ玉、鋳造品の馬鈴などがそれである。木棺に使われた鉄釘なども、本来、渡来人がもちこんだものだ。しかし、こういったものが出土したからといって、即、渡来人あるいは渡来系の人と判断することはできない。

在地の人でも、力があればこういった渡来系のものを獲得するチャンスはいくらでもあるし、そして、いったん技術が伝わってきて国産化がはじまれば、それはまぎれもない国産品であり、渡来人の独占物ではなくなってしまうからだ。ただ、こういったものをもっていないよりももっているほうが、その可能性が高いということくらいはいえるだろう。

また、装飾付須恵器が多く副葬されているのも、この古墳の大きな特徴のひとつである。いかにもこの地で須恵器生産に携わった集団のリーダーにふさわしい内容といえる。

以上のような、古墳の立地と周辺の環境、習俗を含めた古墳のあり方、さらに副葬された品々も加味すると、「小野・平井地区で窯業生産に携わった渡来系集団のリーダー一族」の墓であったという解釈にたどり着くことになるのである。

第5章　地域の中の葉佐池古墳

1　史跡指定

史跡指定に至るまで

葉佐池古墳は発見の当初から注目を浴び、とくに石室内での調査成果は高く評価された。未盗掘の横穴式石室をはじめとする埋葬施設は、当然ながら古墳時代最後に閉じられて以降、何人も侵入せず、最終埋葬の状況をそのまま残したものであった。したがって、木棺や副葬遺物の良好な状態に加えて、古墳時代後期の葬送儀礼を知るうえで貴重な古墳であるということは誰もが認めるところであった。

ところが、その墳形については二次調査以降、前方後円形の可能性を推定されながらも曖昧なままで残っていた。この古墳は、東西に急峻な斜面をもつ丘陵の全面に大規模な盛土をのせて築造しているので、とくに西斜面は墳端を認定できる地形上のメリハリがない。加えてかなりな量の盛土とともに地山自身も流失していると考えられるので、墳形および規模には不確定要素が多くあった。

古墳は、当然ながら墳丘、埋葬施設、副葬品等々のすべての要素が総合されてその意味や評価が定まるものである。そういった意味で、墳形が確定しないことにより宙に浮いた状況が続いていた。

調査委員長であった下條信行氏（愛媛大学・当時）の言によれば、「饅頭は、皮とアンコが揃ってはじめて饅頭になるのであって、アンコだけでは饅頭ではない」言い得て妙、このフレーズが当時の葉佐池古墳の置かれた状況をもっともよく表現している。

そこで墳形確定のための短い調査を、二〇〇六年から二〇〇八年の間、三次にわたって実施した。その方法の詳細は省くが、おおまかにいうと前方後円形を推定したいくつかの要素を再度検証し、不確定な部分はすべて潰すこと。墳丘に残った盛り土について確実にその端部と認められるポイントを再度検証すること、こういった作業であった。

これら追加の調査により、丘陵南北に存在する傾斜の変換点を通過する等高線ラインを拾って墳端とした結果、すでに述べたように、墳形は全長四一メートル、最大幅二三メートルの長円形と確定した。これを受けて、二〇一一年二月史跡指定を受けることとなった。その理由は次のとおりである。

「葉佐池古墳は未盗掘の石室を有し、古墳時代の葬送儀礼を知ることができる稀有な事例として重要である」

未盗掘ゆえのむずかしさ

たしかに、これほど残りのよい後期古墳は稀有な存在である。しかし、それほど残りのよい未盗掘墳であれば、埋葬当時のすべてがわかるかといえば、そうとばかりはいえないところがある。その豊富な情報によって、かえって謎が深まる部分や、解釈に苦労する場合がある。

二号石室が、仮に盗掘された古墳として発見されていたら、副葬遺物の状況は物盗りや二次的な破壊によってつくりだされた状況と判断して事足りたはずだ。しかし、残りのよい未盗掘墳であったがゆえに、かえってその状況の説明には苦労しなければならなかった。死者のよみがえりを恐れた呪的な行為の結果などと一応の解釈をしてはいるものの、はたして実際のところはどうだったのだろう。

その残りの良さゆえによくわかったこと、かえって謎が深まった部分がある。しかし、それが実態であるかぎりは、今はすべてが解明されなくても、将来に資する部分として残しておくことで、葉佐池古墳の調査にはいったんピリオドが打たれた。

2　葉佐池古墳のこれから

ボランティア団体の発足

発見以来、調査中、その後も、地元住民の方々はこの古墳に強い関心をもってくれた。史跡指定されてからの動きは早く、二〇一一年六月、住民約八〇人からなるボランティア組織「葉佐池くらぶ」が設立された。地域の歴史や文化を学びながら、葉佐池古墳の保護・継承につとめ、あわせて地域おこしにつながる事業展開をおこなっていこうという趣旨だ。月に一回の例会、会報「葉佐池古墳さいと」の発行、講演会の開催、古墳周辺の歴史散策ルートの整備、年に一回のイベント「葉佐池古墳レンゲソウまつり」の開催等々、その活動は多岐にわたっている。

葉佐池古墳公園

史跡指定を受けて、古墳公園としての整備がはじまった。

「活きた古墳時代を感じて、人びとが交流する史跡公園」をテーマに、本来の埋葬施設としての古墳の意味を体感できるような整備をおこなうこと、これが基本方針となった。したがって、墳丘整備だけに終わらず、石室の公開展示、理解を深めるための展示解説棟の設置も必要という方向で整備委員会の意見がまとまった。

公開候補となったのは、調査をおこなった一号・二号石室であったが、両石室が開口している墳丘西側斜面は急峻で、とくに二号石室への見学者のアクセスは大幅な墳丘改変をともなわずには不可能なため断念し、墳丘南側から比較的容易にたどり着ける一号石室のみを公開することになった。二号石室をはじめとする各施設は今も墳丘内に眠っている。

古墳発見のきっかけとなった一号石室の破壊坑は、丘陵上の墳丘近くに保管してあった天井石を本来の位置に戻して修復した。いったん動いたものを元に戻して石室本体に無理がかからないかという心配もあったが、事前・事後の歪み計測や経過観察で変化が認められないことを確認し、関係者一同を安堵させた。発見時に動いた天井石が落下してしまわなかったことが一号石室にとって幸運であったのはいうまでもないが、その際に石室本体に無理なヒズミが生じていなかったのもまた幸運であったといえよう。

覆屋内で公開される石室には、副葬遺物のレプリカや想定復元された人骨・木棺などを配置して最終埋葬時の光景がよみがえった。最後の板上の被葬者Bは布巻きで表現、本来の様子とは異なるが、組み合わせ式木棺の蓋ははずして棺内の埋葬の様子がわかるような展示にした（**図61**）。墳丘西麓のガイダンス棟には解説パネルや映像を中心とした展示が常設されている。

こうやって、最古でも最大でも豪奢でも

図61 ● 公開展示された1号石室
最終埋葬時の状態を推定して復元。真新しい白布を巻かれて板上にBが埋葬された。木棺内のAにはまだ頭髪が残り、左奥に片づけられた最初の被葬者Cは完全に骨化してしまった。

豪壮でもないが、未盗掘古墳でしか味わうことのできない埋葬施設そのものとしての本質的な意義、これを追体験できる施設として一般公開がはじまった。発見から二〇年の時をへた二〇一四年七月のことである。

これからの葉佐池古墳

整備された葉佐池古墳公園は、後期古墳そのものに生に近いかたちでふれることのできる数少ない学びの場として、また、地域コミュニティの核となる施設としての役割もはたしながら活用されている。

その管理・運営の多くの部分については、先述の地元ボランティア「葉佐池くらぶ」が担い、週末・祝日の開園時のガイド、日常清掃、草木の管理など、地域の宝として古墳の保存継承に努めるとともに、周辺の遺跡や自然と一体となった里山環境の整備も継続的におこなっている。

その活動は緒についたばかりであるが、葉佐池古墳公園周辺の里山にコンパクトに分布する古墳や窯址をめぐる周遊ルートが整備される日もそう遠くないことであろう。

さらに、まだまだ課題は多いが、同じ久米郡域にあって、須恵器の需要・供給関係にあるもうひとつの史跡、「久米官衙遺跡群」の整備への取り組みがさらに進展し、葉佐池エリアと久米官衙エリア、加えてこの二者をつなぐルート沿線の遺跡表示など、地域住民のとりくみに行政の努力が加わって両者一体となった遺跡めぐりルートの創出・整備の実現が望まれるところである。

参考文献

栗田茂敏　一九九四『愛媛県松山市　葉佐池古墳―木棺がのこされた横穴式石室の調査―』松山市教育委員会
栗田茂敏　二〇一一『史跡　葉佐池古墳』松山市教育委員会・（財）松山市文化・スポーツ振興財団埋蔵文化財センター
栗田茂敏ほか　二〇〇三『愛媛県松山市　葉佐池古墳』松山市教育委員会・（財）松山市生涯学習振興財団埋蔵文化財センター
栗田茂敏ほか　二〇一〇『葉佐池古墳―三・四・五次調査―』松山市教育委員会・（財）松山市生涯学習振興財団埋蔵文化財センター
坂本豊治ほか　二〇一二『中村一号墳』出雲市教育委員会
小林行雄　一九四九「黄泉戸喫」『考古学集刊』二　東京考古学会（一九七六『古墳文化論考』平凡社に再掲）
白石太一郎　一九七五「ことどわたし考」『橿原考古学研究所論集　創立三十五周年記念』吉川弘文館
森岡秀人　一九八三「追葬と棺体配置」『関西大学考古学研究室開設参拾周年記念考古学論叢』関西大学
田中良之　一九九九『人骨および人骨付着昆虫遺体からみた古墳時代モガリの研究』科学研究費補助金研究成果報告書
田中良之・村上久和　一九九四「墓室内飲食物供献と死の認定」『九州文化史研究所紀要三九』
辰巳和弘　二〇〇八「死者・異界・魂」三浦佑之編『古事記を読む』吉川弘文館

葉佐池古墳公園

・愛媛県松山市北梅本町甲2455
・電話　松山市教育委員会事務局文化財課　089（948）6891
・ガイダンス棟・1号石室の公開日　土・日曜日・祝日（年末年始休み）
・開館時間　9：00～17：00（3～10月）、9：00～16：30（11～2月）
・入館料　無料
・交通　伊予鉄道横河原線梅本駅から北へ徒歩26分（2キロ）。車で松山自動車道川内ICから約22分、松山ICから約20分

葉佐池古墳公園（左側の建物がガイダンス施設）

墳丘を整備してあり、墳丘に上り、本物の1号石室を見学することができる。石室内には最後に閉じられた時の状態を複製品で再現してある。併設のガイダンス施設ではパネルなどで本古墳について解説している。また、ここから周辺の古墳・窯址への数キロの見学ルートを散策することができる。

松山市考古館

・松山市南斎院町乙67―6
・電話　089（923）8777
・開館時間　9：00～17：00（入館は16：30まで）
・休館日　月曜（祝日の場合は翌日）、祝日・振替休日の翌日、年末年始（12月29日～1月3日）
・入館料　一般100円、高校生以下は無料
・交通　伊予鉄バス10番線津田団地行き「丸山」バス停下車、徒歩10分。車でJR松山駅から約5分。

松山市内で発見された、旧石器時代から平安時代の考古資料を展示していて、葉佐池古墳の1号・2号石室で見つかった副葬品を実際に見ることができる。また、現地では見ることのできない2号石室を原寸大の模型で再現している。

松山市考古館

遺跡には感動がある

――シリーズ「遺跡を学ぶ」刊行にあたって――

「遺跡には感動がある」。これが本企画のキーワードです。

あらためていうまでもなく、専門の研究者にとっては遺跡の発掘こそ考古学の基礎をなす基本的な手段です。また、はじめて考古学を学ぶ若い学生や一般の人びとにとって「遺跡は教室」です。

日本考古学では、もうかなり長期間にわたって、発掘・発見ブームが続いています。そして、毎年厖大な数の発掘調査報告書が、主として開発のための事前発掘を担当する埋蔵文化財行政機関や地方自治体などによって刊行されています。そこには専門研究者でさえ完全には把握できないほどの情報や記録が満ちあふれています。しかし、その遺跡の発掘によってどんな学問的成果が得られたのか、その遺跡やそこから出た文化財が古い時代の歴史を知るためにいかなる意義をもつのかなどといった点を、莫大な記述・記録の中から読みとることははなはだ困難です。ましてや、考古学に関心をもつ一般の社会人にとっては、刊行部数が少なく、数があっても高価なその報告書を手にすることすら、ほとんど困難といってよい状況です。

いま日本考古学は過多ともいえる資料と情報量の中で、考古学とはどんな学問か、また遺跡の発掘から何を求め、何を明らかにすべきかといった「哲学」と「指針」が必要な時期にいたっていると認識します。

本企画は「遺跡には感動がある」をキーワードとして、発掘の原点から考古学の本質を問い続ける試みとして、日本考古学が存続する限り、永く継続すべき企画と決意しています。いまや、考古学にすべての人びとの感動を引きつけることが、日本考古学の存立基盤を固めるために、欠かせない努力目標の一つです。必ずや研究者のみならず、多くの市民の共感をいただけるものと信じて疑いません。

二〇〇四年一月

戸沢充則

著者紹介

栗田茂敏（くりた・しげとし）

1953年愛媛県生まれ。
1978年京都大学文学部中退後、松山市教育委員会、財団法人松山市生涯学習振興財団を経て、公益財団法人松山市文化・スポーツ振興財団埋蔵文化財センターに発掘調査担当として勤務。2015年現在、同センター専門嘱託員。

写真提供（所蔵）
松山市：図1～4・9～14・16・18～25・28～31・33～40・42～47・49・51・52・54～56・58～61・松山市考古館（図13・16は牛嶋茂撮影）
出雲市教育委員会：図48

図版出典（一部改変）
図5：国土地理院1/200,000地勢図「松山」／図8・15・17・32・41：松山市教育委員会ほか『愛媛県松山市　葉佐池古墳』2003／図26：松山市教育委員会ほか『葉佐池古墳―3･4･5次調査―』2010／図27：松山市教育委員会ほか『史跡葉佐池古墳』2011／図50・53：真鍋昭文原図／図57：松山市教育委員会ほか『史跡・久米官衙遺跡群調査報告書3』2009

上記以外は著者

シリーズ「遺跡を学ぶ」103
黄泉《よみ》の国の光景・葉佐池《はざいけ》古墳

2015年10月15日　第1版第1刷発行

著　者＝栗田茂敏

発行者＝株式会社　新　泉　社
東京都文京区本郷2－5－12
TEL 03（3815）1662／FAX 03（3815）1422
印刷／三秀舎　製本／榎本製本

ISBN978－4－7877－1533－3　C1021

シリーズ「遺跡を学ぶ」

第1ステージ（各1500円＋税）